하나님은 굶주린 영혼을

먹이신다

Originally published in English under the title

Experiencing the Presence of God

by A. W. Tozer

Copyright © 2010 by James L. Snyder

Published by Bethany House Publishers
a division of Baker Publishing Group,
Grand Rapids, Michigan 49516, U.S.A.

All rights reserved.

This Korean Translation Copyright © 2018 by Kyujang Publishing Company

이 한국어판의 저작권은 저작권자와 독점 계약한 규장 출판사에 있습니다.
신 저작권법에 의하여 한국 내에서 보호 받는 저작물이므로 무단 전재와 무단 복제를 금합니다.

A. W. 토저 마이티 시리즈(A. W. TOZER Mighty Series)

토저는 교인수의 '성장'을 위해서라면 대중의 인기에 야합하고, 거대 기업의 경영방식을 무분별 차용하고, 할리우드 엔터테인먼트 방식을 예배에 도입하는 것에 대해 통렬한 비판을 가하였다. 그는 현대의 교회가 물량적 성장을 위해서라면 교회의 순결성을 포기하는 듯한 자세를 보일 때는 그것을 좌시하지 않고 언제나 선지자의 음성을 발하였다. 듣든지 안 듣든지 이스라엘 교회의 세속화를 준열히 책망했던 예레미야처럼, 토저도 시대에 아부하지 않고 하나님교회의 순정성(純正性)을 파수하기 위해 '강력한'(Mighty) 말씀을 선포했다. 그래서 토저는 '이 시대의 선지자'라는 평판을 들었다. 토저가 신앙의 개혁을 위해 외쳤던 뜨겁고 강력한 메시지를 이 시대의 우리도 들어야 한다. 말씀과 성령에 의한 개혁이 절실히 필요한 이때, 규장에서 토저의 강력한(Mighty) 메시지들을 'A. W. 토저 마이티(Mighty) 시리즈'로 출간한다.

"토저의 설교는 설교단에서 발사되어 청중의 마음을 관통하는 레이저 광선과 같다." – 워런 위어스비

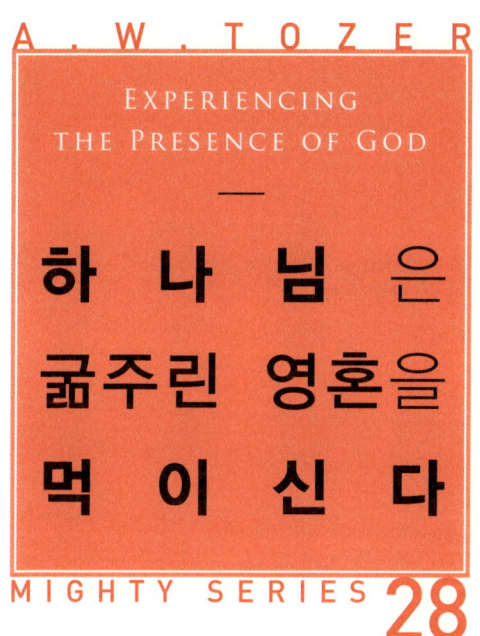

하나님은 굶주린 영혼을 먹이신다

A.W. TOZER

EXPERIENCING THE PRESENCE OF GOD

MIGHTY SERIES 28

규장

contents

영문판 편집자의 글 / 6

part 1
하나님을 만나라

01 / 16
하나님의 임재로 나아가라

02 / 37
장애물을 넘어서는 용기

03 / 59
유일하고 완전한 안내자

04 / 75
우리에게 나타나는 하나님의 임재

05 / 99
하나님의 임재 안에서 참된 자유를 누리라

06 / 121
하나님 마음의 청사진을 보이시다

07 / 144
두 개의 휘장

part 2
하나님의 임재를 붙들라

08 / 164
영적 잡초를 제거하라

09 / 189
하나님 앞에 함께 누리는 교제

10 / 209
하나님의 임재를 방해하는 것

11 / 230
기억하고 기대하는 믿음

12 / 251
하나님의 임재를 훈련하라

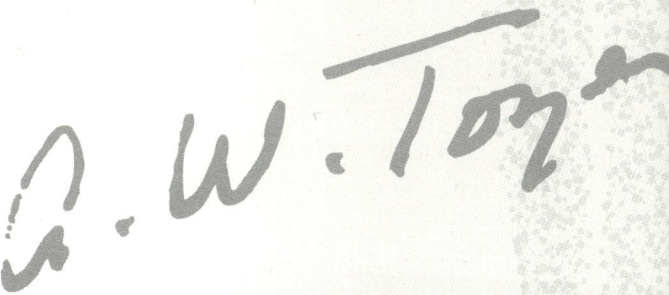

영문판 편집자의 글

하나님의 임재에 이르는 영혼의 여행

인류의 역사 속에는 위대한 발견들이 많이 있었다. 그중에서 "이것이야말로 세상에서 가장 위대한 발견입니다!"라고 콕 집어 말하기가 어려울 정도이다. 그러나 하나님께 굶주린 사람에게는 그의 영혼을 만족시켜줄 단 하나의 발견이 존재할 뿐이다. 그것은 그의 삶에서 의식할 수 있게 나타나는 하나님의 분명한 임재이다.

토저 박사를 하나님의 임재 체험에 관한 전문가라고 말해도 전혀 이상하지 않다. 지금 당신의 손에 있는 이 책은 토저 박사가 발견한 가장 위대한 것의 신비를 밝혀준다. 이 책은 하나님의 임재가 그리스도인의 삶에 어떤 의미를 갖는지를 밝혀내는 여행서이다. 그리고 토저 박사는 이 순례의 길을 안내하는 노련한 안내자이다.

진리를 속이는 자들을 경계하라

당신이 이 책을 읽어나가다 보면 다음과 같은 몇 가지에 주목하게 될 것이다.

첫째, 토저 박사가 이 책에서 말하는 모든 것은 믿을 만한 성경의 진리에 근거한 것이다. 그가 지적하는 중요한 사실은, 성경이 말하는 어떤 진리가 성경의 다른 진리와 상관없이 홀로 서는 것이 아니라는 것이다. 이 사실을 간과할 때 교회에 이단이 출현한다는 것이 그의 진단이다. 성경의 어떤 한 부분을 다른 부분들에게서 분리하여 홀로 서도록 만드는 사람들이 생겼다면 그것은 성경의 진리가 무너지고 있다는 경고음이다.

Experiencing

 누구나 성경에서 자기가 듣기 원하는 것만을 듣는 잘못을 범하기 쉽다. 세상의 모든 이단이 성경에서 출발한다. 하나님의 말씀은 전체적으로 조화를 이루기 때문에 어떤 하나를 독립적으로 떼어내서는 안 된다는 것을 모르는 이단들은 특정한 한 구절을 비정상적으로 강조한다.

 토저 박사는 종종 "성경이 하나님의 말씀으로서의 역할을 제대로 하려면 성경의 모든 부분들이 참여해야 한다"라는 취지의 말을 하곤 했다. 그런데 많은 이들이 갑자기 이상한 것에 빠졌는데, 토저는 이 이상한 것을 '그리스도 없는 신비주의'라고 불렀다. 그 무엇보다도 위험스런 이것은 오늘날 아주 희한한 기독교를 만들어냈다. 토저의 모든 메시지는 따로 떼어낸 성경의 어떤 한 구절에 근거하지 않고 성경 전체의 조화에 근거한다.

 당신이 이 책에서 눈여겨보아야 할 두 번째 것은 토저가 '하나님의 임재', 좀 더 정확히 말하자면 '의식할 수 있게 나타나는 하나님의 분명한 임재'라고 부르는 것이다. 많은 이들이 '체험'이라는 말의 중요성을 깎아내리지만, 만일 당신이 구원을 체험하지 못했다면 거듭나지 않은 것이다. 그렇기 때문에 이 책은 각 사람이 열심을 내어 하나님의 임재를 체험하라고 강권한다.

이 문제에 있어서도 '영혼의 사기꾼들'이 있는가? 물론 그렇다. 그러므로 우리는 이단들에게 속아 그리스도인의 삶과 관련된 중요한 진리를 놓쳐서는 안 된다. 우리는 우리와 하나님과의 역동적 관계가 점점 더 깊어질 수 있다는 사실을 받아들여야 한다. 사도 바울은 "내가 그리스도와 그 부활의 권능과 그 고난에 참여함을 알고자 하여 그의 죽으심을 본받아"(빌 3:10)라고 말했다. 날마다 더욱 더 깊이 하나님을 아는 것이 우리의 목표가 되어야 한다. 이 책을 읽으면 당신의 마음이 하나님의 깊은 일들을 향한 열정으로 불타오를 것이다.

EXPERIENCING

하나님의 신비를 맛보라

만일 토저 박사가 오늘까지 살아 있다면 미디어를 통해, 특히 텔레비전을 통해 우리의 귀에 들리는 메시지들 중 어떤 것들에 대해서는 경악을 금치 못할 것이다. 유감스럽게도 지금은 하나님의 말씀, 즉 성경에 담긴 깊은 진리들을 강론하는 메시지가 매우 드물다.

토저는 '껍데기만 남은 경건'에 대해 비판적인 입장을 분명히 했다. "경건의 모양은 있으나 경건의 능력은 부인하니 이 같은 자들에게서 네가 돌아서라"(딤후 3:5)라는 말씀을 따랐기 때문이다. 우리도 이를 경계해야 한다. 그는 교회 안에 들어온 연예오락을 맹렬히 공격했기에, 당신이 연예오락을 아주 좋아하는 사람이라면 이 책을 좋아하지 않을지도 모른다. 이 책은 일반적인 수준을 뛰어넘어 뜨겁게 하나님을 알기 원하는 사람들을 위한 책이기 때문이다.

내가 한 가지 당부하고 싶은 말이 있다. 아마 당신은 토저 박사의 모든 견해에 다 동의하지는 못할 것이다. 사실, 그도 당신이 모든 점에서 그와 똑같이 생각하기를 원하지는 않을 것이다. 그의 목적은 당신을 설득해서 그의 편으로 넘어오게 하려는 것이 아니기 때문이다. 오늘날의 사회에서는 사람들이 종교적 소그룹들로 분열되는 경향이 있다. 소그룹 안에서는 모든 문제에 대해 모두가 똑같은 견해를 가져야 하며, 단 하나에 대해서라도 견해를 달리하는 사람이 있다면 그는 다른 그룹으로 넘어가야 한다는 편견이 널리 퍼져 있다. 토저는 이를 우스꽝스럽게 여겼다.

물론 우리 모두가 받아들이고 고수해야 할 신앙의 기본적 진리들이 있다. 그럼에도 불구하고 우리는 토저의 주장과 같이 언제나 신비의 영역을 남겨두어야 한다. 영적인 것들 중 많은 것이 우리 모두에게 신비로 남아 있다. 이런 신비로운 것들에 대해 모두 정의하고 설명하려고 시도한다면 어려움에 빠지게 된다.

Experiencing

영적인 것들에 관해서만큼은 셜록 홈즈처럼 모든 것을 다 밝혀내야 한다는 강박관념을 가진 사람들이 많다. 그들은 영적인 모든 것에 대해 가장 작은 부분까지 알고자 한다. 그러나 신앙의 지극히 세부적인 것들까지 다 알아봤자 바리새인들처럼 교만에 빠지는 것 말고 또 무엇이 있겠는가? 열정을 가지고 노력하는 것은 좋은 일이지만, 영적 여행에 아무리 깊이 들어갔다 해도 우리가 모르는 신비로운 것들이 남아 있게 마련임을 잊어서는 안 된다.

토저 박사는 이 책에서 하나님의 임재를 체험하는 신비를 맛볼 수 있는 방법을 가르친다. 또한 이 책의 각 장(章) 끝에는 그 장의 교훈의 핵심을 보여주는 찬송가나 시 한 편이 들어 있다. 시간을 내어 이 찬송가나 시를 묵상하는 것은 결코 시간 낭비가 아닐 것이다. 토저 박사가 날마다 주님과 동행하는 훈련을 하는 방법 중 하나는 찬송가책에 푹 빠져서 시간을 보내는 것이었다.

THE PRESENCE OF GOD

하나님이 당신을 위해 준비해놓으신 것들을 영적 여행 속에서 모두 체험하는 은혜가 당신에게 임하기를 바란다. 그리고 이 책을 다 읽었을 때에는 당신이 전능하신 하나님의 분명한 임재를 사모하는 사람으로 변해 있기를 기도한다.

제임스 L. 스나이더

1

Experiencing the Presence of God

하나님을 만나라

하나님의 임재로 나아가라

"옛적에 선지자들을 통하여 여러 부분과 여러 모양으로 우리 조상들에게 말씀하신 하나님이 이 모든 날 마지막에는 아들을 통하여 우리에게 말씀하셨으니 이 아들을 만유의 상속자로 세우시고 또 그로 말미암아 모든 세계를 지으셨느니라 이는 하나님의 영광의 광채시요 그 본체의 형상이시라 그의 능력의 말씀으로 만물을 붙드시며 죄를 정결하게 하는 일을 하시고 높은 곳에 계신 지극히 크신 이의 우편에 앉으셨느니라"(히 1:1-3).

오늘날 수많은 사람들이 끔찍한 영적, 도덕적 쓰레기 더미

속에서 살아가고 있는 것이 분별력 있는 그리스도인의 눈에는 아주 잘 보인다. 자기가 어디에 있어야 하는지를 알려면, 자기가 지금 어디에 있는지를 알아야 하는데, 사실 이 문제의 해결은 인간의 노력 범위를 벗어나는 영역이다.

영혼의 갈증을 풀 수 있는 유일한 길

인간의 영혼 깊은 곳에는 창조주를 향한 거부하기 힘든 갈망이 숨어 있다. 이 갈망은 하나님의 형상대로 창조된 인류 누구에게나 공통적으로 존재한다. 이 갈망이 채워지지 않으면 인간의 영혼은 평안을 모르기에, 인간은 이를 채우고자 끊임없이 애쓴다. 하지만 유감스럽게도, 이는 궁극적으로 달성할 수 없는 것을 이루려고 발버둥 치는 것과 같다.

인간의 최고의 이상(理想)이나 성취는 영적 속박을 깨버리고 하나님의 존전에 이르러 그분께 환영 받는 것이다. 이런 이상을 달성하기 원하는 욕구가 모든 인간의 마음속에서 강하게 일어나 그를 앞으로 나아가게 만든다. 그러나 많은 사람은 이런 욕구의 대상을 혼동하며 '얻을 수 없는 것'을 얻으려고 발버둥 치면서 평생을 보낸다.

아주 간단히 말해서, 하나님의 형상으로 창조된 모든 인간의 마음속 큰 목표는 그분의 임재의 거룩한 위엄을 체험하는 것이다. 인류의 최고 목표는 그분의 존전으로 나아가 압도당하는 것이다. 그 밖의 어떤 것도 인간의 타는 갈증을 풀어줄 수 없다.

하나님과 깊은 교제를 나누기 원하는 이런 갈망을 이해하지 못하는 사람들은 어떻게든 자기 내면의 갈망을 해소하기 위해 자기의 삶을 물질로 채우려고 애쓴다. 그러나 영혼 밖에 있는 것을 추구하여 영혼의 갈증을 풀어보려는 이런 시도는 헛된 수고로 끝날 뿐이다.

체험한 자만이 알 수 있다

인간의 깊은 동경의 본질을 꿰뚫어본 사람은 히포의 감독 성 어거스틴이었다. 그는 그의 《고백록》에서 이렇게 말했다.

"당신이 당신을 위해 우리를 지으셨으므로 우리의 마음은 당신 안에서 안식을 얻을 때까지 평안을 모릅니다."

이 말은 모든 세대와 문화 속에서 보편적으로 나타나는 인간의 불안 심리를 상당 부분 설명해준다. 하나님의 임재의 진리를 알려고 늘 노력함에도 번번이 실패하는 인간은 불안할 수밖에 없다.

어거스틴과 아주 비슷한 말을 한 사람은 요한계시록을 기록한 요한이다.

"우리 주 하나님이여 영광과 존귀와 권능을 받으시는 것이 합당하오니 주께서 만물을 지으신지라 만물이 주의 뜻대로 있었고 또 지으심을 받았나이다 하더라"(계 4:11).

우리가 순간순간마다 그분과 함께 거하며 온전한 안식을 누릴 때 그분은 크게 기뻐하신다. 그분은 우리와 교제를 나누며 기쁨을 누리기 위해 우리를 창조하셨다. 그분의 임재를 체험할 때 느끼는 기쁨에 필적하는 것은 이 세상에 없다.

이 사실을 아주 분명히 말해주는 것은 모래알처럼 많은 인류의 삶에서 항상 나타나는 '평안의 부재'이다. 피조물인 우리의 최고 목적은 창조주의 분명한 임재를 즐거워하면서 평생을 살아가는 것이다. 그분의 임재는 말로 묘사할 수 없는 무형(無形)의 것이다. 이것을 설명해보려고 시도한 사람들이 일부 있었지만, 그분의 임재를 개인적으로 깊이 체험한 사람들만 이것을 이해할 수 있다. 인생에는 설명하거나 이해할 수 없는 것들이 있는데, 이것이 바로 그런 것이다.

좋은 지식으로 충만한 그리스도인은 많지만, 하나님의 임재에 대한 목마른 갈증을 해소시켜줄 자비의 물방울이 그들의 병약한 영혼 속으로 떨어지는 경우는 매우 드물다. 너무나 많은 사람들이 그분의 분명한 임재의 눈부신 햇살 속으로 갑자기 들어가는 체험을 알지 못한다. 간혹 그런 체험을 하는 사람들이 있다 해도 어쩌다가 그럴 뿐 늘 그런 것은 아니다.

너무나 많은 이들이 그분의 임재를 더듬어 찾으려고 애쓰지만 결국 완전히 좌절감에 빠지곤 한다. 그분의 임재를 갈망하는 것과 그것을 실제로 체험하는 것은 전혀 별개이다. 피조물인 인간은 창조주의 임재를 동경하지만, 그것에 이를 능력은 없다.

본래 하늘을 날도록 되어 있는 독수리를 생각해보자. 어린 독수리는 가슴속에 심겨진 날고 싶은 본능에 따라 날갯짓을 하여 수백미터 창공으로 날아올라 그토록 맑은 공기의 대양(大洋)을 자기의 두 날개 아래에 둔다. 독수리가 때로는 나뭇가지 위에 앉아 있거나 땅바닥에서 걸어 다닐 수도 있겠지만, 이 녀석의 모든 신체 기능은 기본적으로 공중을 날도록 설계되어 있다. 만일 두 날개가 모두 잘려서 날 수 없다 해도 날갯짓을 하여 공중으로 날아오르고 싶은 불타는 욕망은 사라지지 않을 것이다. 그러나 땅에서 조금이라도 날아오를 수 없을 정도로 기능이 손상되었다면 자기의 본능에 따를 수 없게 된다.

인류도 바로 이런 고통에 빠져 있다. 우리는 마땅히 우리의 처소가 되어야 할 하나님의 존전으로 날아오르도록 태어났지만, 그 무엇이 우리의 두 날개를 꺾어버렸기 때문에 내면의 간절한 부르짖음에 응답할 수 없게 되었다. 시편 기자는 "주의 폭포 소리에 깊은 바다가 서로 부르며 주의 모든 파도와 물결이 나를 휩쓸었나이다"(시 42:7)라고 썼다. 하나님의 존전에서 쫓겨난 우리는 여러 가지 고통에 시달리고 있다.

하나님 앞으로 가는 길의 장애물

창조주를 깊이 체험한 사람은 피조세계의 다른 모든 것들에서 한 발짝 뒤로 물러서게 된다. 그분의 형상으로 창조된 모든 인간의 가슴속에 깊이 묻혀 있는 큰 소원은 그분의 임재의 거룩한 위엄을 경험하는 것이다. 하지만 그분의 임재를 체험하여 그분과 개인적 교제를 깊이 나누려는 인간의 노력을 방해하는 것들이 몇 가지 있다.

가장 큰 장애물은 하나님께서 본질적으로 '감히 가까이 갈 수 없는 분'이시라는 사실이다. 죄 때문에 온 인류는 도저히 갚을 수 없는 빚을 짊어지게 되었다. 그러나 복된 소식이 있으니, 그리스도께서 모든 사람을 위해 그 빚을 다 갚으시고 하나님과 인류 사이의 간격을 메우셨다는 것이다! 하지만 그럴지라도 그분 앞으로 나아가려고 애쓰는 사람을 기다리고 있는 장애물이 적어도 세 가지 있다.

1. 인간 영혼의 도덕적 파산

첫 번째 장애물은 인간 영혼의 도덕적 파산이다. 우주의 도덕적 질서와 하나님의 나라를 거스른 인간의 본질적 반역 때문에 인간은 천지를 지으신 하나님께 빚을 졌고, 또 우주의 도덕적 질서에 빚을 졌다. 이 빚은 반드시 변제되어야 한다.

모든 인간의 도덕적 양심이 소리 높여 부르짖으며 요구하는 것은 이 빚을 갚기에 충분한 '공적(功績) 기금(基金)'이다. 그리하여 세상의 온갖 종교들은 이 '공적 기금'을 마련하겠다고 발버둥 치지만 결국 실패하고 만다.

세상의 종교들은 소위 '선행'이라는 것을 통해 '공적 기금'을 마련하려고 애쓰지만 결국 그 무엇으로도 씻을 수 없는 깊은 죄의식과 공허감에 빠질 뿐이다. 그런데 그런 '공적 기금'을 마련할 수 있다 할지라도 그것만으로는 부족하다. 죄 사함이 있어야 하기 때문이다.

타락한 범죄자가 영국 여왕을 알현하기 원한다고 가정해보

자. 많은 전과기록을 가진 자가 알현을 허락받아 인자한 여왕 앞에 서기를 간절히 원한다면 어떻게 해야 할까?

여왕 앞에 나아가기 원하는 사람들이 많기 때문에 관계자들은 그의 여왕 알현을 계획하고 준비한다. 그런데 이런 범죄자가 여왕 앞에 서려면 그 전에 해결되어야 할 것이 있다. 그 누구도 범죄자의 여왕 알현을 자기 멋대로 허락할 수 없을 것이다. 범죄자는 여왕이 상징하는 모든 것을 위험에 빠뜨려 여왕의 안위를 위협할 수 있는 전력을 갖고 있기 때문이다.

그렇기에 그가 여왕의 존전에 서기 위해서는 첫 번째로 법적 사면이 주어져야 할 것이다. 사면을 받으려면 모든 법적인 문제들이 먼저 해결되어야 한다. 빚이 다 청산되어야 한다. 사면은 죄 사함을 받는 사람이 해결할 수 없는 것을 법적으로 해결해주는 것이다. 범죄자의 과거를 땅에 묻어주는 외부적 힘이다. 이것이 첫 번째 단계이다.

범죄자가 영국 여왕을 알현하는 문제를 예로 들었으니 이제 하나님 앞으로 나아가기 원하는 인간의 소원에 대해 깊이 생각해보자. 인간은 자기가 하나님께 반역했기 때문에 그분 앞에 설 수 없다는 것을 잘 안다. 그 반역이 종식되고 용서받기 위해서는 선행되어야 할 것이 있다. 인간이 하나님 아버지의 자녀가 되기 위해서는 반역의 행위를 완전히 용서받고 그분 나라의 시민권을 완전히 회복해야 한다.

이 모든 것은 그리스도 안에서 성취되었다. 하지만 아직은 갈 길이 멀다. 정부가 범죄자를 사면한 것으로, 즉 그의 전과 기록을 모두 말소해서 자유 시민으로 완전히 복권시켜준 것으로 여왕을 알현할 준비가 다 된 것은 아니다. 다른 장애물이 또 있다.

2. 죄의 더러운 냄새

여왕을 알현하기 원하는 범죄자의 경우를 다시 생각해보자. 그의 범법 행위들이 완전히 사면 받고 그의 과거가 말소된 것으로는 충분하지 않다. 과거의 문제가 해결되어야 할 뿐만 아니라 현재의 문제도 처리되어야 한다. 면도도 안 한 더러운 모습으로 우범지대를 빠져나와 곧장 여왕의 존전으로 갈 수는 없기 때문이다. 죄를 용서 받았다 해도 냄새 나는 더러운 몸이기 때문에 깨끗이 씻고 적절한 옷을 입고 치장을 해야 여왕을 알현할 수 있다.

여왕을 뵈려는 범죄자는 여왕의 뜻과 요구에 완전히 부합하는 상태와 복장을 갖추어야 한다. 여왕을 알현하려는 모든 사람은 그녀가 세운 기준에 따라야 한다. 그녀가 그들의 기준에 따르는 것은 아니다.

그와 마찬가지로, 죄의 더러운 냄새가 나는 사람은 하나님의 존전으로 나아갈 수 없다. 과거의 문제는 해결되었지만 현재의 문제도 처리되어야 한다. 예를 들어, 현재 그에게 악한 생각들이 있다면 그분께 나아갈 수 없다. 우리의 자기의(自己義)의 옷에 묻어 있는 더러운 것은 무한히 깨끗하신 하나님의 임재와 공존할 수 없다. 우리의 마음이 바뀌어야 할 뿐만 아니라 옷도 바뀌어야 하기 때문에, 더러운 옷을 벗어버리고 깨끗한 의의 옷을 입어야 한다. 그분 앞으로 나아가려는 자는 모든 면에서 반드시 그분의 기준에 따라야 한다.

그러므로 그분의 기준에 부합하는 준비가 있어야 한다. 그것은 죄와 더러운 것을 씻어줄 수 있는 '다윗의 집'의 샘물이다. 우리가 죄 사함을 받을 뿐만 아니라 깨끗하게 되기 위해서는 이 샘물이 솟아나야 한다. 이 샘물을 솟아나게 하는 어마어마한 일을 이룬 것이 바로 예수 그리스도의 보혈이다! 이것이 기독교의 가르침이요, 교회가 세상에 외치는 증언이다.

크신 하나님 앞에서 죄 사함과 정결을 소리 높여 구하던 인간의 도덕적 양심을 만족시켜 줄 수 있는 사건을 일으키신 분은 "보이지 아니하는 하나님의 형상이시요 모든 피조물보다 먼저 나신"(골 1:15) 영원한 아들이시다. 능력의 말씀으로 만물을 붙드시는(히 1:3) 이 영원한 아들은 하늘의 보좌를 버리고 이 땅에 오셔서 이 놀랍고 경이로운 일을 홀로 이루셨다. 혼자 우리의 죄를 정결케 하셨다. 그분만이 이 일을 이루실 수 있었기 때문에 결국 혼자 이루신 것이다.

하지만 이 일이 아닌 다른 일들에서는 다른 사람들의 도움을 기꺼이 받으셨다. 이 세상으로 오실 때에는 동정녀 마리아의 도움을 받으셨다. 마리아는 그녀의 깨끗한 몸을 하나님께 드렸고, 그분의 아들은 베들레헴의 구유를 통해 아기로 이 땅에 오셨다. 마리아는 우는 아기 예수를 품에 안아 젖을 먹이고, 돌보고, 음식을 먹이고, 사랑을 베풀었다. 그리고 그분은 어머니의 도움뿐만 아니라 그녀의 남편 요셉의 도움도 기꺼이 받으셨다. 요셉은 아내와 아기 예수에게 의식주를 제공하기 위해 해 뜰 때부터 해질 때까지 목수로서 성실히 일했다.

그러나 인간의 죄를 깨끗게 하는 속죄 사역에서는 하나님의 아들이 혼자 일하심으로 인간 속량의 모든 조건들을 충족시키셨다. 그러므로 인간에게서 나는 죄의 더러운 냄새는 십자가에서 흘려진 예수 그리스도의 보혈로 씻어지고 깨끗하게 되어야 한다. 이 기준을 충족시킬 때 우리가 하나님의 존전으로 담대히 나아갈 수 있다.

3. 위엄 개념의 실종

이 세대의 그리스도인들에게 일어난 불행한 일이 있는데, 그것을 가리켜 나는 '위엄 개념의 실종'이라고 부르고 싶다. 이 일은 인간에 의한 인간비하(人間卑下)가 장구한 세월 동안 천천히 진행되는 과정을 통해 일어났다. 인간을 평가절하하는 사람들은 결국 하나님도 평가절하하는 셈이다. 인간이 그분의 형상에 따라 창조되었기 때문이다. 인간의 존엄을 이해하지 못하면 하나님의 위엄도 이해하지 못한다. 그렇다면 '위엄 개념의 실종'이라는 불행한 일은 어떻게 우리에게 일어나게 되었는가?

한때 많은 이들은 지구가 우주의 중심이고 모든 천체들이 지구를 중심으로 돌아간다고 믿었다. 지구에 대한 이런 단순한 설명은 이해하기 쉬운 것이었다. 지구는 가만히 있고 다른 모든 것들이 지구 주위를 돌고 있는 것처럼 보였기 때문이다. 대부분의 사람이 이렇게 믿었지만 16세기에 코페르니쿠스와 갈릴레오가 나타나 "지구는 고정되어 있는 것이 아니라 궤도를 따라 돌고 있다"라고 주장했다.

결국 대부분의 사람들은 그들의 연구 결과를 받아들여 "그러므로 고정된 기준이 있다고 믿었던 우리 모두가 잘못되었다. 이제 우리는 그런 기준을 믿지 않는다"라고 말했다. 그들은 우주의 그 무엇도 고정되어 있지 않다고 믿었다. 적어도 지구는 고정되어 있지 않다고 믿은 것이다.

그 당시의 일반적인 생각은 "지구는 자신의 일주(日周) 코스를 한 바퀴 돈다. 지구가 우주의 중심은 아니라 할지라도 인간은 하나님의 피조세계의 중심이다. 아니, 피조세계의 중심일 뿐만 아니라 피조세계의 정점이다"라는 말에서 아주 잘 드러났다. 인간이 세계의 정점이며, 하나님에 의해 그분의 형상대로 창조된 존재라는 것이 그 당시 사람들의 믿음이었다.

그 후 꽤 오랜 세월이 흐른 뒤에 찰스 다윈이 나타나 "인간은 피조세계의 중심도 머리도 정점도 최종적 완성작도 아니다"라고 말했다. 더욱이 지구와 지구의 모든 것들은 창조된 것이 아니라 우연히 존재하게 되었다고 주장했다. 그에 따르면 지구는 움직이는 물체에 불과하며, 인간은 '과거에 있었던 곳'에서 '장차 있을 곳'으로 나아가는 도상(途上)에 있을 뿐이다. 한때 인간은 콜로이드 같은 습지에서 돌아다녔고, 깊은 바다 속에서 흙탕물을 뒤기며 이곳저곳을 기어 다녔다. 그러던 중 태양빛을 받아 눈이 생겨 도롱뇽이 되었고, 활동 반경을 넓혀 돌아다니다가 수백만 년이 더 흐른 후에 새가 되었으며, 그 후 원숭이가 되었다. 어딘가를 향해 가고 있는 것은 사실이지만, 아무튼 현재는 지금과 같은 상태에 있다. 미래의 우리는 아직 오지 않았고, 과거의 우리는 지나가고 없다. 우리는 그 무엇의 중심이 결코 아니며, 계속 향상되면서 움직이고 있을 뿐이다.

19세기에서 20세기로 바뀔 무렵 세상은 갑자기 깊은 숨을 내쉬며 이렇게 말했다.

"우리가 죄라고 불렀던 것은 죄가 아니라 어떤 다른 것이다. 죄는 먼 옛날의 도롱뇽의 잔재가 남아 있다가 일시적으로 발작을 일으키는 것이며, 과거의 인간 속에 있었던 것이 다 사라지지 않고 아직도 일부 남아 있는 것이다. 그러나 우리가 점점 이것을 제거해 가고 있지 않은가? 저기 있는 저 추악한 인간을 보라. 그리고 여기 앉아 있는 이 대학교수를 보라. 두 사람 사이에는 차이가 참 많다. 베토벤의 교향곡을 들으며 꿈에 잠긴 것 같은 이 교수의 표정을 보라. 참으로 많이 진화하지 않았는가!"

물론, 이 교수가 오랜 과정을 밟아온 것은 맞다. 그러나 그를 이틀 동안 더 관찰해보라. 그의 아내가 그를 끝까지 몰아세우면 그는 그녀를 때리거나 독한 말로 쏘아붙이거나 칼로 찌르거나 아니면 나가버릴 것이다. 그도 역시 인간이다. 아무리 학위를 많이 받았어도 변한 것은 전혀 없다.

절대적인 것을 부정하는 쪽으로 사상이 흘러왔지만, 그래도 일부 사람들은 여전히 "고정된 것이 어딘가에는 있다. 지구가 아니라면 태양은 고정되어 있다"라고 말했다. 그러나 그럴 즈음 앨버트 아인슈타인이 나타나 말했다.

"전혀 그렇지 않다. 고정된 것은 어디에도 없다. 태양도 아니다. 태양은 또 하나의 별일 뿐이다. 태양 둘레에 태양계라는 것이 형성되어 있지만 이것도 역시 고정된 것은 아니다. 이것도 더 멀리 있는 다른 별의 둘레를 돌고 있다. 그리고 이것도 역시 훨씬 더 멀리 있는 다른 큰 별의 둘레를 돌고 있다."

이런 말을 들으면 머리가 지끈지끈해지고 입에서 "이제 그만 얘기하십시오. 머리가 터질 것 같습니다"라는 말이 튀어나올 것이다. 아무튼 내가 말하고 싶은 것은 이런 모든 이론들이 인간의 존엄성의 개념을 말살했다는 것이다. 이런 이론들을 믿으면서 인간에 대해 존경심을 유지하기란 불가능할 것이다.

이 나라를 세운 사람들이나 조상들의 사진을 보라. 사진

속의 그들은 점잖고 위엄 있는 신사의 모습이다. 그러나 인간이 하나님의 피조물로서 위엄 있는 존재라는 사상을 버린 사람의 눈에 그들이 존경스럽게 보일까? 그들의 짧은 구레나룻 아래에 숨겨진 도룡뇽의 군살의 흔적이 보이지 않겠는가? 그들이 하나님의 형상으로 지음 받은 위엄 있는 인간이 아니라 그토록 오랜 세월에 걸쳐 도랑을 기어올라온 도룡뇽으로 보이지 않겠는가?

현재 이 세상의 사상과 교육 제도는 이런 것을 믿으라고 강요하면서 존엄성의 개념을 송두리째 말살하고 있다. 이런 교육을 받은 사람의 마음속에 저 아래에서부터 스멀스멀 기어올라온 것을 존경하고 싶은 생각이 들겠는가?

위엄의 개념은 인류에게서 사라졌고, 그와 더불어 존엄성의 개념도 사라졌다. 이런 현상이 우리 사회에 너무 뿌리 깊이 박혀버렸기에 과거로 다시 돌아가는 것은 불가능해 보인다.

위엄 개념의 타락은 그리스도인들에게까지 악영향을 끼치고 있다. 지금 그리스도인들은 어떤 것이 재미있기만 하면, 그것이 사실인지 아닌지에 대해서는 그리 신경을 쓰지 않는다. 진리이든 아니든 간에 귀에 즐거운 짜릿한 얘기라면 무조건 환영이다.

그러나 위엄으로 충만한 분이 지금 하늘에 계시다. 지금도 그분이 보좌에 앉아 계시고, 그분 앞에서는 천사와 천사장과 스랍과 그룹이 "거룩하다 거룩하다 거룩하다 만군의 여호와여"(사 6:3)라고 끊임없이 소리친다. 완전하신 하나님, 예수 그리스도께서는 홀로 우리의 죄를 정결케 하신 후 다시 하늘로 돌아가 "높은 곳에 계신 지극히 크신 이의 우편에"(히 1:3) 앉으셨다(이 자리는 본래 그분이 지극히 오랜 세대들에 걸쳐 앉아 계셨던 자리이다). 이 영원한 아들은 하나님 우편에 앉으신 후 우리를 위해 중보하신다.

지극히 크신 분의 임재로 다시 나아가라

오늘날 기독교 지도자들은 기독교의 위엄의 요소들을 아주 많이 훼손했다. 물론, 세상의 모든 것은 나름대로 논리적으로나 이성적으로 설명이 되어야 한다. 그러나 나는 '의식할 수 있게 나타나는 하나님의 분명한 임재'를 조금이라도 정확하게 설명하는 것은 거의 불가능하다고 믿는다. 내가 이것을 어설프게 설명하려다가는 결국 좌절과 실망의 늪에 빠지고 말 것이다. 내가 할 수 있는 최선은 내 개인적 체험을 말해주면서 성경의 권면의 말씀을 덧붙이는 것이다. 당신이 그분의 임재를 사모하도록 자극을 주는 것이 내 몫이고, 그 다음부터는 성령께서 담당해주실 것이라고 믿는다.

많은 사람들은 그들의 신앙이 깔끔한 수학공식처럼 정리되어 큰 고민이나 노력 없이 신앙생활을 할 수 있길 바란다. 현대인은 하나님의 존전에 이르러 복을 받는 지름길을 찾기 원한다. '행복에 이르기 쉬운 다섯 단계'라든지 '원하는 것을 모두 하나님께 얻을 수 있는 아주 쉬운 열 단계' 같은 것 말이다. 그러나 이런 것들을 얻게 해주는 깔끔한 공식은 없다. 우리의 영혼이 갈망하는 하나님의 임재를 체험하려면 영혼의 열정이 타오르게 해야 한다. 확신하건대, 위엄으로 충만한 하나님의 임재가 인간의 말로 설명될 수 있다면 그것은 진짜 그분의 임재가 아니다.

씁쓸한 얘기지만, 많은 사람들이 처음에는 호기심에 이끌려 이 책을 읽다가도 이내 지루함을 느끼면 좀 더 재미있고 달짝지근한 것을 찾아 나설 것이다. 자질구레한 장신구처럼 자잘한 재미를 주는 것에 매력을 느끼다 보면, 하나님의 임재를 구하는 일에는 금세 흥미를 잃게 될 것이다.

이런 이들에게는 꼭 새로운 종교적 장난감을 자랑하며 떠벌이는 사람들이 접근하게 마련이다. 영적 음식을 제대로 먹지 못한 미숙한 그리스도인은 이런저런 종교적 장난감을 번갈아 따라다니다 결국에는 깊은 공허감에 빠지겠지만, 자기가 왜 그런 공허감에 빠져 있는지도 깨닫지 못한다.

이 책은 하나님을 향한 거룩한 갈망의 불길을 일으키고자 하는 작은 시도이다. 당신에게 이런 불길이 타올라 '의식할 수 있게 나타나는 하나님의 분명한 임재'의 기쁨을 향해 힘차게 달려가기를 나는 바란다.

이런 것에 대해 깊은 이해가 있었던 토마스 아 켐피스는 "깊은 영성의 삶을 살려면 외부 세상의 어떤 방해도 받지 않고 그분과 깊은 교제를 나누는 법을 배워야 한다"라고 말했다. 그리고 그의 책 《그리스도를 본받아》에서 이 점에 대해 이렇게 설명했다.

"정말로 영적 성장을 원하는 사람은 자기를 부인해야 한다. 자기를 부인한 사람은 큰 자유와 안전을 누리게 된다."

불행하게도, 세상은 우리가 감당하기에는 너무 커버렸다. 우리의 영혼은 세상의 무게에 눌려 꼼짝도 못하기 때문에 하나님의 임재를 구할 엄두도 내지 못한다. 그러나 복된 소식도 있다. 그분의 임재를 진심으로 구하는 마음이 인간 안에 있다는 것이며, 그분의 임재를 구하는 노력을 방해하는 모든 것들이 예수 그리스도 안에서 극복되었다는 것이다.

은혜의 보좌를 찾는 자들은
어디에서나 그 보좌를 발견할 것이다.
기도를 생활화하면
어디에나 하나님이 계신다.

건강할 때나 병들었을 때나
부유할 때나 가난할 때나
기도로 그분을 의지하면
그분은 어디에나 계신다.

세상의 안락이 사라질 때,
인생의 화(禍)가 도처에 넘쳐날 때
그때가 바로 간절히 기도할 때이다.
하나님은 어디에나 계신다.

그러므로 내 영혼아!
힘들고 어려울 때마다

네 아버지께 나아가 기다려라.

그분이 모든 기도에 응답하실 것이니,

그분은 어디에나 계시기 때문이다.

_올리버 홀덴(Oliver Holden)

〈하나님은 어디에나 계시다〉

02

장애물을 넘어서는 용기

"그러므로 우리는 들은 것에 더욱 유념함으로 우리가 흘러 떠내려가지 않도록 함이 마땅하니라 천사들을 통하여 하신 말씀이 견고하게 되어 모든 범죄함과 순종하지 아니함이 공정한 보응을 받았거든 우리가 이같이 큰 구원을 등한히 여기면 어찌 그 보응을 피하리요 이 구원은 처음에 주로 말씀하신 바요 들은 자들이 우리에게 확증한 바니 하나님도 표적들과 기사들과 여러 가지 능력과 및 자기의 뜻을 따라 성령이 나누어주신 것으로써 그들과 함께 증언하셨느니라"(히 2:1-4).

우리가 이미 확인했듯이, 하나님의 존전으로 나아가려는 욕구가 인류 영혼의 깊은 곳에 잠재해 있다. 하지만 하나님께서 심어주신 이런 욕구가 그분께 나아가는 길에 놓여 있는 장애물들을 극복하기란 역부족이다. 이런 장애물에는 여러 가지 있지만, 가장 주된 것은 인간의 '속량 받지 못한 본성'이다.

인간 영혼의 깊은 곳에서 우러나오는 예배란 주변 세상에 영향을 받지 않고 가장 순수하게 하나님을 예배하는 것이다. 이것은 인간의 단순한 감정에서 나오는 예배보다 더 깊은 예배이다. 불신자에게는 이런 예배가 불가능하다. 죄의 본성은 하나님의 흠 없는 본성의 벽에 막혀 좌절하기 때문에 그분이 아닌 다른 것들에서 위로를 찾는다. 죄의 본성과 하나님의 본성은 서로 양립할 수 없다. 이것은 그분과 인간 사이의 관계가 멀어졌기 때문에 생긴 실제적 결과이다.

낙심하지 말고 전진하라

심지어 신자도 그의 하나님 찾기를 방해하는 장애물을 경험한다. 그분의 존전으로 가는 길에 놓인 이런 장애물을 극복하는 것은 모든 그리스도인의 최대 과제이다. 인간의 영혼의 원수는 우리가 그 길을 가는 것을 사실상 불가능하게 만들겠다고 굳게 결심하고, 온 힘을 다해 방해 공작을 편다. 대개의 경우, 이 원수는 하나님의 임재를 향한 영적 순례자를 낙심에 빠뜨리는 일에서 상당한 성공을 거두었다.

'사랑받은 자 요한'은 이것을 잘 알았기 때문에 우리를 격려하기 위해 "자녀들아 너희는 하나님께 속하였고 또 그들을 이기었나니 이는 너희 안에 계신 이가 세상에 있는 자보다 크심이라"(요일 4:4)라고 말한다. 우리를 방해하는 세력이 실제로 존재하긴 하지만, 우리가 하나님 앞으로 나아가는 것을 막을 수 있을 만큼 강한 것은 아니다. 우리는 원수의 간계(奸計)를 다 이겨낼 수 있다. 그가 우리의 길에 만들어놓은 장애물이 무엇이든지 다 극복할 수 있다.

우리가 가장 힘써야 할 것은 우리의 영혼을 구원하기 위한 하나님의 일들에 관심을 쏟는 것이다. 이렇게 관심을 쏟겠다는 우리의 의지는 적극적이고 집요하고 의도적인 것이어야 한다. 우리의 길에 이런저런 어려움이 놓여 있다 할지라도 말이다.

하나님의 존전에 나아가는 것을 복잡하게 만들뿐만 아니라 거의 불가능하게 만드는 것들이 너무 많기 때문에 많은 이들이 낙심하여 포기하게 된다. 그분의 존전에 이르는 영적 여행은 연예오락과 육신의 속된 쾌락에 탐닉하는 자들이나 게으른

자들을 위한 여행이 아니기 때문이다.

하나님께 이르는 것을 방해하는 장애물이 있다는 것은 역설적으로 그것이 얼마나 귀한 것인지를 말해준다. 그분의 임재를 체험하는 것이 아무 방해 없이 쉽게 주어지는 것이라면 우리에게 동기유발이 되지 못할 것이다. 누군가 적절히 지적했듯이, 대가를 지불하지 않고 얻을 수 있는 것은 가치가 없다. 하나님의 존전에 이르는 것! 이것보다 더 가치 있는 것을 생각할 수 있겠는가? 그분께 나아가는 길에 놓인 온갖 장애물을 극복하는 수고는 헛수고가 아니다.

그토록 가치 있는 것을 갈망하는 사람이라면 누구나 그것을 제1의 목표로 삼게 마련이다. 하지만 이 목표까지 이르는 길에는 장애물들이 놓여 있으며, 이것들은 하나님의 임재를 열정적으로 사모하는 사람들에게도 결코 호락호락한 것이 아니다. 이 세상의 다른 어떤 것보다 그분의 임재를 더욱 갈망하는 사람들도 이것들을 극복하기가 결코 만만치 않을 것이다.

하나님의 거룩한 임재의 체험은 그것을 방해하는 모든 장애물을 극복해야 하는 선한 싸움에서 승리한 자에게 주어지는 상이다. 이 세상의 그 무엇보다도 그분의 임재를 갈망하는 사람이라면 그의 앞에 놓인 주요 장애물들을 충분히 극복할 수 있을 것이다. 목표를 분명히 하고 그것을 똑바로 바라보면 장애물은 작게 보이는 법이다.

그렇다면 이제 하나님께 나아가는 것을 방해하는 주요 장애물들을 살펴보고 그 극복방법을 생각해보자.

인간이 만들어낸 오류들

오류 1. 모든 종교가 하나님께 가는 길이다

인간이 만들어낸 오류 중 하나는 "유용성의 정도에서 차이는 있지만, 그래도 꽤 많은 종교들이 도움이 된다"라고 말하는 것이다. 이런 사고방식을 따르는 사람은 "왜 굳이 기독교의 메시지에 더 주목하여 따라야 하는가?"라고 말하게 된다. 그러나 하나님은 그분의 아들을 통해 말씀하셨고, "너희는 그의 말을 들으라"(마 17:5)라고 명하셨다. 그리고 스데반은 "이스라엘 자손에 대하여 하나님이 너희 형제 가운데서 나와 같은 선지자를 세우리라 하던 자가 곧 이 모세라"(행 7:37)라고 증언했다. 예수 그리스도는 여러 선생들 중 하나가 아니라, 인류에게 보냄 받은 마지막 선생이요, 하나님의 최종적 말씀이시다. 그리스도의 말씀은 모든 논쟁들을 종식시킨다.

오류 2. 인간에게는 영적 책임이 없다

인간이 만들어낸 또 다른 오류는 "그리스도께서 하나님의 최고의 권위를 갖고 계시므로 아무것도 걱정할 필요가 없다"라는 표현에 담겨 있다. 이렇게 말하는 사람들은 모든 것이 잘 풀릴 것이므로 아무것도 신경 쓸 필요가 없다고 믿는다.

물론 하나님의 최고의 권위가 그리스도께 있는 것은 맞지만, 그 권위를 무시하는 것은 큰 죄이다. "하나님께서 주도권을 갖고 행하시므로 나는 아무것도 할 필요가 없다. 언제나 그분이 먼저 시작하신다는 것이 내 믿음이다"라고 주장하는 사람들이 있다. 물론 그분이 주도권을 갖고 먼저 시작하시는 것은 맞다. 그러나 이것을 기억하라! 그분이 이미 주도권을 쥐고 행하신 것이 있다. 그것은 그분의 거룩한 아들 예수 그리스도를 이 땅에 보내신 것이고, 그리스도의 일을 사람들에게 나타내기 위해 성령을 보내신 것이다!

하나님은 이미 먼저 행하셨다. 만일 그분이 우리의 마음에 불안을 불러일으키지 못하시면 우리의 마음을 움직이실 수 없다. 우리의 마음을 움직이실 수 없다면 우리를 구원하실 수 없다. 우리가 그분의 일에 신경 쓰도록 만드실 수 없다면 우리를 위해 아무것도 하실 수 없다.

오류 3. 인간에게 필요한 것은 '듣기 좋은 메시지'이다

영적인 일들이 얼마나 중요한지를 깊이 느낀 존 웨슬리와 찰스 웨슬리는 영적인 일들에 대한 관심과 감동을 노래하는 찬송가들을 만들었다. 그런데 이 웨슬리 형제의 찬송가들을 부르는 우리의 마음에는 진심이 별로 담겨 있지 않은 것 같다. 우리는 진심에서 우러나오는 찬송을 불러야 한다. 영적인 일들에 더욱 뜨거운 관심을 가져야 한다. 뜨거운 관심을 갖는다는 것은 더욱 집중한다는 것을 의미한다. 우리는 읽어야 하고, 들어야 하고, 찾아야 한다. 조사해보고 또 조사해보아야 한다. 아주 진지하게 그렇게 해야 한다. 그러면서 재미의 추구, 경박함 그리고 변덕스러움을 완전히 버려야 한다.

무엇이든지 재미있어야 한다는 생각이 오늘날 모든 재앙의 뿌리이다. 재미없는 것은 이제 인기가 없다. 그러나 분명히 말해두지만, 하나님께서 그분을 떠나 어둠 가운데 방황하는 인류를 내려다보고 계시다는 사실은 재미있는 것이 아니다. 그분이 그분의 거룩한 아들을 보내 동정녀에게서 나게 하신 것은 재미있는 일이 아니다. 그분의 아들이 박해받고 십자가에 못 박히신 것은 재미있는 일이 아니다. 성령께서 오신 사건은 재미있는 일이 아니다. 악한 자들이 부활하여 심판받는 것

은 재미있는 일이 아니다. 하나님의 일을 진지하게 생각하는 사람의 머릿속에는 재미의 추구, 경박함 그리고 변덕스러움이 끼어들 여지가 없다. 우리도 우리에게 전해진 메시지에 더욱 관심을 갖고 진지한 태도로 임해야 한다.

역사적으로 볼 때, 교회의 중요한 책무는 사람들이 영적인 일에 진지한 관심을 기울이도록 만드는 것이었다. 그러나 불행하게도 오늘날 아주 많은 목회자와 설교자는 이런 책무에 전혀 신경 쓰지 않는다. 하나님의 일에 대한 기대감이 전혀 없기 때문이다. 기대하지 않으니 이루어지는 것도 전혀 없다. 그러나 성령께서 주시는 부담감을 마음에 느끼는 하나님의 사람들은 그분의 일에 대한 진지한 관심을 사람들의 마음속에 불러일으키기 원한다. 그리스도의 교훈에 깊은 관심을 쏟지 않는 사람에게는 성경의 기록이 아무 의미가 없게 된다.

아무도 손대지 않고 선반 위에 그대로 내버려둔 약(藥)은 누구의 병도 고치지 못한다. 아무도 꺼내 먹지 않고 냉장고에 처박아둔 음식은 그 누구에게도 영양분을 공급하지 못한다. 스위치를 켜지 않은 난로는 그 누구의 몸도 따뜻하게 해 주지 못한다. 성경이 영양분이요, 빛이요, 따뜻한 열이요, 영혼의 약이지만 무관심 속에 방치되면 누구에게도 유익을 주지 못한다. 성경에 진지한 관심을 쏟지 않으면 그리스도께서 인류를 위해 죽음을 맛보기 위해 이 세상에 오셨던 것이 무의미해진다. 그분의 오심과 십자가 죽음에 담긴 모든 의미를 소홀히 한다면 이 사건들이 우리에게 무슨 의미가 있겠는가?

현대 문화가 가져온 재앙

하나님의 존전으로 나아가려고 할 때 모든 그리스도인은 나름대로 장애물을 만나게 된다. 지금은 하나님의 깊은 일을 아는 것이 힘든 시대이다. 현대의 기독교가 세상에 정신이 팔려 있기 때문이다. 이 시대는 영적 삶의 문제를 진지하게 받아들이는 것을 힘들게 만든다. 워낙 많은 일들이 우리의 주의를 빼앗아가기 때문에 마음을 굳게 먹지 않으면 세상에 정신이 팔려 허송세월하게 된다.

내가 볼 때, 오늘날 그리스도인들이 직면한 가장 위험한 상황은 '양심의 소작'(燒灼: 약품이나 전기로 병의 조직을 태우는 외과적 치료법)이라는 것 때문에 생긴다. 이것은 사람으로 주변 세상에 무감각하게 만든다. 이런 무감각에 빠진 사람은 도덕적 문제들을 느끼지 못하게 된다. 간단히 말하자면, 이런 도덕적 무감각은 '느끼지 못하는 것'인데, 이들은 도덕적 문제 자체를 느끼지 못한다. 이해하기 힘든 이상한 역설(逆說)은, 사람은 때로 자기 느낌의 부재로 인하여 괴로워하면서도 그것을 느끼지 못한다는 것이다. 자신을 그리스도인이라고 여기는 사람들조차도 이 시대의 부도덕에 대해 분개하지 않는다.

이런 위험한 상태를 초래한 원인은 죄의 행위로 말미암아 생긴 '반(半) 마비상태'이다. 우리가 죄를 지으면 자기의 양심을 어느 정도 마비시키게 된다. 내 식으로 표현하자면, 양심을 소작하는 것이다. 신체의 어떤 부분을 소작하면 처음에는 그곳이 아프지만, 얼마의 시간이 지나면 그곳의 느낌이 사라진다. 소작한 부분은 피부가 두꺼워져 딱딱한 껍질처럼 변하기 때문이다.

죄도 동일한 방식으로 작용한다. 죄는 양심을 소작하기 때문에 머지않아 죄를 지어도 전혀 거리낌을 느끼지 못하게 된다. 우리가 '마귀'라고 부르는 저 거룩하지 못한 자가 양심의 눈을 멀게 했기 때문에 이런 일이 생기는 것이다. 나는 마귀가 존재한다고 믿는다. "믿지 아니하는 자들의 마음을 혼미하게 하여 그리스도의 영광의 복음의 광채가 비치지 못하게"(고후 4:4) 하는 것이 그의 일이다.

우리가 또 생각해보아야 할 것은 영적 무기력이다. 이것은 하나님의 말씀과 요구를 듣고서도 부자연스런 영적 나른함에 빠지는 것이다. 그러나 이런 영적 나른함에 빠지는 사람들도 이 시대의 현실적 위험들에 대한 이야기를 들으면 정신이 번쩍 들 것이다. 예를 들어, 핵공격에 대한 이야기를 들으면 즉각 방사성 낙진 대피소로 피하는 법을 알려고 기를 쓸 것이다. 암에 대한 텔레비전 프로를 보면 자기의 몸을 살피며 '최근에 통증을 느낀 것이 혹시 암 때문인가?'라고 걱정할 것이다. 이처럼 얄팍한 것들에는 언제나 큰 관심을 쏟지만 영적인 것들에는 거의 관심이 없다.

토마스 아 켐피스의 지혜의 말을 들어보자.

"우리는 우리에게 거의 또는 전혀 유익이 없는 것들에는 관심을 쏟으면서, 지극히 중요하고 필요한 것들에는 무관심하여 그저 '통과!'라고 말한다. 인간은 눈에 보이는 것들을 가지고 장난할 때에는 혼신의 힘을 다 바친다. 그러므로 얼른 정신을 차리지 않으면 물질과 쾌락의 추구에 빠져 헤어나지 못한다."

도덕적 무감각과 영적 무기력은 우리가 영적 건강에 무관심하게 만드는 두 가지 주요 재앙이다. 하나님께 가까이 가는 일을 중요하게 여기지 않으면 걸음걸음마다 방해를 받게 마런이다. 이 두 가지를 고칠 수 있는 유일한 방법은 진정으로 회심하여 예수 그리스도께 돌아오는 것이다.

하나님께 자투리를 드리지 마라

우리의 또 다른 문제는 먹고 사는 것에 몰두하는 것이다. 이것을 가리켜 예수님은 '세상의 염려'(마 13:22)라고 부르셨다. 만일 누구라도 돈벌이에 쏟아붓는 시간과 관심을 하나님 찾기에 쏟는다면, 주변 사람들의 눈이 휘둥그레질 만큼 그의 신앙은 몰라보게 달라질 것이다. 만일 어떤 여자가 집안일이나 요리나 가족에게 쏟는 정성을 한 주간 내내 그리스도의 말씀과 영혼 관리에 쏟는다면 주말쯤에는 엄청난 영적 진보를 이룰 것이고, 주변 사람들은 그녀를 보고 자기들의 삶의 방식을 부끄러워할 것이다.

불행한 것은 우리에게 중요한 부분이 우리의 차지가 되고 자투리가 하나님께 돌아간다는 것이다. 새것은 그분께 드려지지 않고 싸구려만 돌아간다. 우리는 필요 없는 것을 그분께 드리고, 필요한 것은 우리를 위해 사용함으로 결국 우리가 영광을 받는다. 그러나 우리가 집이나 사업이나 소득을 위해 노력하듯이 영성을 위해 노력한다면 엄청난 속도로 영적 진보를 이루게 될 것이다.

하나님을 찾는 일의 장점은 그것을 위해 가정의 일이나 사업을 소홀히 할 필요가 없다는 것이다. 하나님과 함께 앞으로 전진하는 것과 돈벌이 하는 것 사이에서 양자택일을 할 필요는 없다. 두 가지가 모두 가능하다. 이 두 가지를 모두 할 수 있는 시간적 여유가 있다. 그분과 동행하는 것, 그리고 집안을 단정히 정리하고 남편을 위해 음식을 준비하는 것 사이에 한 가지만을 택할 필요는 없다. 둘 다 가능하다.

이에 대한 좋은 예는 열아홉 명의 자녀를 양육한 수산나 웨슬리(Susanna Wesley: 1669~1742. 존 웨슬리와 찰스 웨슬리의 어머니)라는 이름의 여자이다. 존 웨슬리가 이 여자의 열여덟 번째 아이였다. 그녀는 살림을 아주 깔끔하게 하면서도 당대의 가장 훌륭한 믿음의 여자 중 하나라고 소문났다. 그녀는 가족을 잘 돌보면서도 영적으로 성장하겠다고 결심했다. 가정 살림 때문에 영적 노력이 지장을 받는 일은 그녀에게 없었다.

이런 원리는 학생들에게도 그대로 적용된다. 학생들이 책에 몰두하는 것만큼 하나님의 얼굴을 구하는 일에 몰두한다면, 물가에 심겨진 나무처럼 은혜 안에서 성장할 것이다.

끝없는 즐거움을 추구하는 것

또 하나의 영적 장애물은 끝없는 즐거움을 추구하는 것이다. 몸의 안락, 여러 형태의 성적 부도덕 그리고 음식 같은 것들은 우리에게 육신적인 즐거움을 준다. 어울려 노는 것, 도박, 여흥, 소설 읽기 등은 정신적인 즐거움을 준다. 심미적인 즐거움도 있다. 예를 들면 미술, 음악, 깊은 학문 연구, 세련된 교양 같은 것이다.

이런 모든 것들은 인간의 감각에 즐거움을 주는데, 이는 어린아이가 자기 손가락을 빨 때 느끼는 즐거움과 다를 바 없다. 모든 인간이 즐거움을 추구하면서 성장기를 보내기 때문에 우리 모두는 '손가락 빠는 성인(成人)'이라고 할 수 있다. 마땅히 영혼 성장에 시간을 투자해야 함에도 불구하고 그 대신 감각적 즐거움을 추구하는 데 시간을 낭비한다.

베드로는 "너희가 이 패역한 세대에서 구원을 받으라"(행 2:40)라고 말했다. 우리는 진지하지 않을지 몰라도 하나님은 정말 진지하시다. 아버지 하나님께서는 속량의 사역을 계획하시고 성취하실 때 정말 진지하셨다. 아들 하나님이 겟세마네 동산에서 '땀이 땅에 떨어지는 핏방울같이'(눅 22:44) 되도록 기도하실 때, 그분은 정말 진지하셨다. 성령 하나님이 인간을 찾아와 인간 안에 거하실 때는 항상 진지하시다. 그러므로 히브리서 기자는 "우리는 들은 것에 더욱 유념함으로 우리가 흘러 떠내려가지 않도록 함이 마땅하니라"(히 2:1)라고 가르친다. 어떤 성경 역본들의 난외주(欄外註)에는 이 구절이 "우리는 들은 것에 더욱 유념함으로 그것이 언제라도 사라지지 않도록 함이 마땅하니라" 또는 "우리는 들은 것에 더욱 유념함으로 언제라도 그것이 구멍 뚫린 배에서 물이 빠져나가듯이 사라지지 않도록 함이 마땅하니라"라고 번역되어 있다. 유감스럽게도, 너무나 많은 사람들의 마음과 영혼에 구멍이 뚫려 새어나가고 있다.

진리가 마음 밖으로 줄줄 새어나가게 하지 마라

사람들은 새해의 1월 1일을 가만히 기다리다가, 12월 31일 밤이 되면 갑자기 결심을 쏟아내기 시작한다.

"새해부터는 아내에게 더 자상하게 대하겠다."

"새해부터는 교회에 정기적으로 헌금을 하겠다."

"매일 규칙적으로 기도하겠다."

"하나님을 더 깊이 알기 위해 노력하겠다."

"~을 하겠다."

"~을 하겠다."

"~을 하겠다."

그러나 사람의 마음은 변하기 쉬운 법이다. 대개의 경우 사람들의 이런 결심은 2월 1일이 되기도 전에 어딘가로 다 날아가 버린다. 설교자의 메시지를 듣고 큰 감동을 받으면 선한 마음이 생기고, 영적 소원이 샘솟아 힘이 나고, 하나님을 향한 갈망이 불같이 일어난다. 그러나 당신의 마음은 밑 빠진 독 같기 때문에 이런 것들은 금세 새나가고, 어떤 갈망이나 소원도 남아 있지 않게 된다.

영적인 일들과 세상 일들 사이의 차이가 무엇일까? 영적인 것들은 아주 점잖다. 당신을 강제적으로 몰아가지 않는다. 귀가 따갑도록 상업광고의 노래를 들려주지 않는다. 당신 집의 문을 두드리며 물건을 사라고 조르지도 않는다. 단지 당신이 알아차리기를 기다린다.

예수님은 목소리를 높이지 않으셨고, 그 소리를 거리에 들리게 하지도 않으셨다(사 42:2). 큰 소리로 외치지 않으셨고, 차분하고 조용하셨다. 사람들이 진리를 알기 위해 그분을 찾아왔을 뿐이다. 그러나 육신의 일들은 끈질기게 따라다니며 큰 소리로 말한다. 당신이 아침에 일어나기도 전에 시끄러운 소리로 깨우며 "여기 좋은 물건이 있으니 꼭 사야 할 겁니다"라고 외치거나, "우리가 시키는 대로 하면 정말 잘 풀릴 겁니다"라고 떠들어댄다. 주변의 모든 이들이 당신의 귀에 대고 자꾸 말하고 재촉하고 압박한다. 때로는 예를 들면서, 때로는 훈계하면서, 때로는 지시하듯이, 때로는 광고물을 가지고 조르면서 당신이 어떤 방향으로 가거나 어떤 일을 하게 만들려고 기를 쓴다.

우리의 주님은 힘으로 밀고 들어오는 분이 아니시지만 세상의 일들은 반강제적으로 밀고 들어온다. 여기서 내가 강조하고 싶은 요점은 이것이다. 만일 당신이 하나님의 일들에 주의를 기울이고 당신의 영혼을 구하려면, 선한 의도를 갖고 선한 결심을 하고 그 결심대로 행동해야 한다는 것이다! 마귀가 당신을 방해하지 못하도록 하라. "다른 사람들이 어떻게 하든 상관하지 않고 오직 하나님의 얼굴을 구하겠다. 내가 지난주보다 다음 주에, 지난달보다 다음 달에 더 좋은 사람이 되는지 살펴보겠다"라고 말하라.

하나님은 율법을 주실 때 장난을 하신 것이 아니다. 그리스도께서 십자가에서 죽으시고 삼일 만에 부활하신 것은 장난이 아니다. 성령께서 당신의 마음에 조용히 들려주시는 음성은 농담이 아니다. 율법을 우습게 여긴 자들이 심판을 받았다는 사실을 대수롭지 않게 여긴다면 우리가 얼마나 더 큰 심판을 받겠는가! 히브리서 기자는 이렇게 말한다.

"천사들을 통하여 하신 말씀이 견고하게 되어 모든 범죄함과 순종하지 아니함이 공정한 보응을 받았거든 우리가 이같이 큰 구원을 등한히 여기면 어찌 그 보응을 피하리요 이 구원은 처음에 주로 말씀하신 바요 들은 자들이 우리에게 확증한 바니 하나님도 표적들과 기사들과 여러 가지 능력과 및 자기의 뜻을 따라 성령이 나누어주신 것으로써 그들과 함께 증언하셨느니라"(히 2:2-4).

어떤 이는 "나는 나중에 하려고 했는데요"라고 털어놓지만 '나중'이라는 것은 주어지지 않는다. 또한 "그때는 이해하지 못했습니다"라고 말하는 이들이 있지만, 사실 그들은 그때 충분히 이해했다. 어떤 이들은 "시간이 없었습니다"라고 말하지만, 결국 세상을 떠날 시간은 있었다. 또 어떤 사람은 "영적인 일들에 관심을 가진 사람이 내 주변에는 아무도 없었습니다"라고 말하지만, 영적인 일들에 관심이 있는 사람은 본래 주변에 없는 법이다.

하나님의 구원의 말씀이 어떤 무리에게 선포된다 해도 그중 오직 한 사람만이 그분의 음성을 들을 때도 있다. 노아의 홍수 이전에 하나님의 말씀이 세상에 선포되었지만 오직 노아와 그의 가족만이 그분의 음성을 들었고 나머지는 모두 홍수로 인해 죽었다.

또 어떤 사람은 "영적인 일들에 관심을 쏟으면 내 직업을 잃어버릴 것입니다"라고 말하지만 내가 볼 때 그럴 일은 없을 것 같다. 혹시 그렇게 된다 할지라도 직업을 잃고 영혼 구원을 얻는 것은 거래를 잘한 것이다! "지금은 재미를 보다가 나중에 그리스도인이 되는 게 좋겠습니다"라고 말하는 사람에게는 해주고 싶은 말이 없다. 이런 사람에게 진지한 대답을 해준다는 것 자체가 웃기는 일이고 무의미한 짓이다. 그렇다면 "내가 그리스도인이 되면 남들이 무엇이라고 말할까 두렵습니다"라고 말하는 자에게는 무엇이라고 대답해야 할까? 사람들의 입방아는 두려워하면서, 하나님이 무엇이라고 말씀하실 것인지는 두렵지 않은가?

경계선을 넘어서는 용기가 필요하다

사회는 사람들이 모두 닮은꼴이 되도록 만들기 위해 용의주도하게 작당한 것 같다. 우리 모두를 '나쁜' 사람으로 만드는 시스템을 가동하는 것 같다. 하지만 우리 모두를 '너무 나쁜' 사람으로 만들려고 하지는 않는다. 만일 그렇게 되면 경찰들이 바빠질 것이기 때문이다. 그러나 우리를 너무 선하게 만들려 하지도 않는다. 너무 선한 것은 곧 광신이라고 생각하기 때문이다. 그리하여 사회는 우리가 친절하고 원만하며 교회에 출석하고 병원과 청소년 클럽에 후원금을 내는 수준에 머물기를 바란다(물론 이런 것들 자체가 잘못된 것은 아니다). 우리가 경찰서에 끌려가지 않을 정도로 선하게 살고, 사람들의 양심에 부담감을 주지 않을 정도로 적당히 악하게 살라고 권하는 것이 사회의 일반적인 분위기이다.

그러나 더 차원 높은 삶으로 나아가라는 하나님의 음성이 내 귀에 들린다. 히브리서는 경계선에서 망설이는 사람들에게 "건너가라! 네가 용기를 내면 할 수 있으니 건너가라!"라고 힘찬 목소리로 촉구하는 살아 있는 책이다. 그리고 "내가 하나님을 믿고 순종할 수 있을까?"라고 고민하는 사람들에게 "걱정 마라. 너는 믿고 순종할 수 있다"라고 격려하는 책이다.

온갖 방해세력을 극복하고 하나님의 임재의 영광스런 빛 속으로 들어가면 그 동안의 모든 고생은 보상받을 것이다.

모든 사랑 위에 뛰어나신

신성한 사랑이시여,

하늘의 기쁨이시여,

이 땅에 내려오소서.

우리 안에 당신의 겸손한 거처를 마련하시고

당신의 성실한 자비의 일을 완성하소서.

예수님!

당신은 자비의 화신이시요

순결하고 무궁한 사랑이시나이다.

우리를 찾아와 당신의 구원을 베푸시고

떨고 있는 모든 자에게 들어오소서.

오, 불어넣으소서!

괴로운 모든 가슴들에

당신의 성령을 불어넣으소서.

우리 모두 당신의 은혜를 받게 하시고

당신이 약속한 안식을 얻게 하소서.

죄로 향하는 마음을 없애 주시고

우리의 죄책감의 짐을 벗겨 주소서.

당신이 시작하신 일을 끝내시고
우리를 영원한 날로 인도하소서.

당신의 새 창조 사역을 계속하시고,
우리가 정결하고 거룩하게 하소서.
당신이 완벽하게 이루신
우리의 온전한 구원을 보게 하소서.
영광에서 영광으로 변하여
결국은 천국에서 우리의 자리를 찾고
경이(驚異)와 사랑과 찬양이 넘치는 중에
우리의 면류관을 당신께 드리게 하소서.

_찰스 웨슬리(Charles Wesley)
〈모든 사랑 위에 뛰어나신 신성한 사랑이시여〉

유일하고 완전한
안내자

"또한 이와 같이 그리스도께서 대제사장 되심도 스스로 영광을 취하심이 아니요 오직 말씀하신 이가 그에게 이르시되 너는 내 아들이니 내가 오늘 너를 낳았다 하셨고 또한 이와 같이 다른 데서 말씀하시되 네가 영원히 멜기세덱의 반차를 따르는 제사장이라 하셨으니 그는 육체에 계실 때에 자기를 죽음에서 능히 구원하실 이에게 심한 통곡과 눈물로 간구와 소원을 올렸고 그의 경건하심으로 말미암아 들으심을 얻었느니라 그가 아들이시면서도 받으신 고난으로 순종함을 배워서 온전하게 되셨은즉 자기에게 순종하는 모든 자에게 영원한 구원의 근원이 되시고 하나님께 멜기세덱의 반차를 따른 대제사장이라 칭하심을 받으셨느니라"(히 5:5-10).

하나님 앞에서 기쁨과 평안을 느끼는 단계에 이르려면 혼자의 힘만으로는 안 된다. 그분의 존전에 이르는 것은 세심한 주의를 요하는 과정이기 때문에 노련한 안내자가 필요하다. 이런 안내자의 도움을 받으면, 중간에 놓인 장애물을 잘 피해가서 결국 그분의 임재의 복된 빛 안으로 들어가게 된다.

이런 점을 생각할 때 우리의 머리에 떠오르는 것은 '제사장'이라는 개념이다. 제사장은 하나님에 의해 임명되어 중요한 영적 직무를 수행하는 사람이다. 하나님의 임재의 본질적 성격 때문에 우리에게는 노련한 자격이 있는 안내자가 필요하다. 우리를 그분의 존전으로 담대히 이끌고 갈 수 있는 자격 있는 제사장이 바로 그런 안내자이다.

히브리서에서 가르치는 주요 교리 중 하나는 대제사장이신 영원한 아들에 대한 것이다. 히브리서에서 대제사장의 개념이 처음 등장하는 구절은 2장 17절이다. 그리고 히브리서 3장 1절은 "우리가 믿는 도리의 사도이시며 대제사장이신 예수를 깊이 생각하라"라고 가르친다. 그리고 이 개념은 4장 14절과 5장, 6장, 7장에서도 나온다. 이런 구절들이 가르치는 것은 대제사장의 직분이 하나님께서 정하신 것이며, 우리 주 예수 그리스도에 의해 성취되었다는 것이다.

화목을 이룰 중재자가 필요하다

여러 종교들에서 제사장의 개념만큼 남용되는 것도 거의 없을 것이다. 세상의 모든 저급하고 비열한 종교들에서도 제사장의 개념은 발견된다. 세상의 다양한 종교들의 제사장이 집행하는 종교의식은 인류에게 불쾌감과 충격을 안겨주었고, 제사장들에게서 부패와 잔인함과 위선도 종종 발견되었다.

어떤 것이 충격적인 것인지를 알고 싶다면, 아즈텍족(옛날 멕시코 중부를 지배했던 종족)과 톨텍족(10-12세기에 아즈텍족보다 먼저 멕시코 고원지대를 지배했던 종족)이 믿었던 멕시코 종교들의 이야기를 읽어보라. 한 가지 예를 들자면, 고대 멕시코에서는 아즈텍족과 톨텍족의 '귀 먹고 말 못하는 신'에게 제물을 바치기 위해 2만 명을 산 채로 평평한 돌 위에 묶어놓고 돌도끼로 심장을 도려냈다. 말로 다 표현할 수 없는 악을 자행한 것이다!

제사장들이 습관적으로 거짓말을 하고 술에 취했다는 것을 알기 위해서는 과거로 멀리 거슬러 올라갈 필요조차 없다. 그들의 제사장직 남용은 수없이 많다. 어떤 제사장들은 자기의(自己義)와 교만에 빠졌고, 어떤 제사장들은 불쌍한 대중을 협박하고 착취했다.

그러나 제사장의 개념은 사람에게서 시작되지 않고 하나님에게서 시작된 것이다. 가족을 책임지고 모범과 교훈으로 가르치고 가족을 위해 기도하는 아버지상(像)에서 제사장의 개념이 희미하게나마 보이는 것도 사실이다.

이에 대한 좋은 예가 구약에 나오는 욥이다. 그의 자녀들이 하룻밤의 잔치를 끝내면 그는 하나님 앞에 나아가 제물을 드렸다. "혹시 내 아들들이 죄를 범하여 마음으로 하나님을 욕되게 하였을까"(욥 1:5)라고 생각했기 때문에 그들을 용서하고 깨끗하게 해달라고 하나님께 기도했다. 그는 그의 가족을 위한 제사장이었던 것이다. 하지만 제사장의 의미를 더 분명히 드러낸 것은 구약의 출애굽기와 레위기와 민수기에 나오는 레위 지파의 제사장직이며, 그것을 완벽하게 드러낸 분은 우리 주 예수 그리스도이시다.

제사장직은 하나님이 정하신 것이므로 당연히 존재해야 한다. 제사장직이 필요한 이유는 인간이 하나님을 멀리 떠났기 때문이다. 이 사실은 성경에서 결코 제거할 수 없는 진리이다.

마치 수소가 물의 필수적인 부분인 것처럼 말이다. 수소가 없는 물은 상상조차 할 수 없지 않은가?

그러므로 에덴동산에서 일어난 아담의 타락으로 인하여 하나님과 인간의 관계가 단절되었다는 교리를 부정하는 것은 성경의 진리에서 벗어나는 것이다. 이런 관계 단절을 가리켜 성경은 '멀리 떠나 있다'라고 표현한다(참조, 골 1:21).

인간이 타락하여 하나님에게서 멀어졌다는 진리를 부정하는 종교는 모두 가짜이다. 타락한 인간은 도덕적인 면에서 하나님을 멀리하면서 그분과의 교제를 거부해왔기 때문에 '세상에서 소망이 없고 하나님도 없는 자'(엡 2:12)가 되었다. 이런 인간과 하나님 사이에 중재자로 나서 화목을 이루는 일을 누군가 감당해야 했고, 그러다보니 제사장의 개념이 나오게 되었다.

그러나 설사 인간이 하나님께 돌아가기를 간절히 원한다 할지라도 그렇게 할 수가 없다. 중간에 죄가 가로막고 있기 때문이다. 이미 인간은 '도덕적 파괴'를 저질렀다. 즉, 하나님의 율법을 어겼다. 인간은 그분의 법정에 서 있는 범죄자이다. 속죄가 이루어질 때까지, 이 '도덕적 파괴'가 회복될 때까지, 공의가 만족될 때까지 인간은 아무리 그분께 돌아가기를 원해도 그렇게 할 수 없다. 이것이 성경의 가르침이다. 이 진리가 아닌 어떤 다른 종교적 주장도 성경의 교리는 아니다. 만일 내가 이것을 믿지 않는다면 성경책을 덮고 윌리엄 워즈워스나 셰익스피어에 대해 강의하는 것이 차라리 더 나을 것이다.

최근 몇 해 동안 이런저런 종교들에서 아주 잘못된 사상이 퍼지고 있는 것이 내 눈에 보였다. 이 사상의 핵심적 요소를 가리켜 나는 '그리스도 없는 자연 신비주의'(a Christ-less nature mysticism)라고 부르고 싶다. 그런데 이것이 지금 소위 복음주의 교회 안으로도 침입하고 있다.

가을이 오면 이 사상의 신봉자들은 어렵게 사는 한 남자가 붓을 들어 나뭇잎을 그리는 모습을 상상하면서 살짝 눈물을 흘린다. 겨울이 지나고 봄이 찾아와 작은 연못에서 개구리 울음소리가 들리면 이들은 사랑에 대해 생각하기도 하고, 시인들의 호소에 귀를 기울이기도 한다. 그러나 이런 사상은 위험하다. 십자가 없는 종교, 즉 속량과 그리스도와 올바른 화목이 없는 종교는 죽은 것이기 때문이다. 현재 교회들은 수백억 달러를 쏟아부어 으리으리한 건물을 짓지만, 그 건물에 모이는 교인들은 여러 해가 흘러가도 그리스도의 화목에 대해서는 단 한 마디의 메시지도 듣지 못한다.

오늘날의 교회는 '십자가 없는 기독교'의 위험에 처해 있다. 교회에서 설교자는 회중 앞에 서서 '모든 사람들의 위대하신 아버지'에 대하여 아주 경건하게 설교하거나 "예수님의 정신으로 이것을 구합니다"라고 기도한다. 이 사람은 예수님의 '이름'으로 기도하지 않고 예수님의 '정신'으로 기도한다. 이 사람은 점잖은 사람이기 때문에 아무에게도 불쾌감을 주지 않으려고 한다. 문제는 너무 점잖아서 십자가를 받아들일 수 없다는 것이다!

이런 것은 기독교가 전하는 성경의 핵심 진리에서 떠난 것이다. 우리는 제사장직의 개념으로 돌아가야 한다. 한쪽에 하나님이 계시고 다른 쪽에 인간이 있는데 그분과 인간 사이가 멀어져 있다는 근본 개념으로 돌아가야 한다. 이렇게 멀어진 이유는 하나님의 잘못이 아니라 인간의 잘못 때문이다. 거룩하신 하나님과 거룩하지 못한 인간 사이에서 제사를 드려 화목을 이루는 일! 이것이 바로 제사장직이다.

누가 제사장이 될 수 있는가

성경에 의하면, 제사장은 몇 가지 자격 조건을 갖추어야 했다. 우선, 하나님에 의해 임명되어야 했다. 히브리서는 "이 존귀는 아무도 스스로 취하지 못하고 오직 아론과 같이 하나님의 부르심을 받은 자라야 할 것이니라"(히 5:4)라고 말한다. 어떤 사람이 갑자기 나타나 자기가 제사장이라고 주장한다고 해서 제사장으로 인정받는 것이 아니었다. 하나님의 부르심을 받지 못한 제사장은 가짜였다. 세상의 여러 곳에서 발견되는 제사장들은 모두 '자칭' 제사장일 뿐이다. 하지만 구약시대에는 그분께 임명받은 제사장들이 분명히 있었다.

제사장의 두 번째 조건은 사람들을 위한 제사장이 되어야 한다는 것이었다. 하나님이 제사장을 세우신 것은 사람들을 돕기 위함이었다. 하나님이 도움을 받으실 필요는 없기 때문에 제사장이 그분께 도움을 드린다는 것은 있을 수 없다. 도움을 필요로 하는 것은 인간인데, 제사장의 일은 인간의 죄를 속죄하는 것이었다. 그 속죄의 방법이 레위기 5장에서 다음과 같이 제시된다.

"그 속죄제물의 피를 제단 곁에 뿌리고 그 남은 피는 제단 밑에 흘릴지니 이는 속죄제요 그 다음 것은 규례대로 번제를 드릴지니 제사장이 그의 잘못을 위하여 속죄한즉 그가 사함을 받으리라"(레 5:9,10).

제사장이 하는 일은 사람들을 위해 하나님께 제물을 드리는 것이었다. 제사장은 하나님을 대신하여 사람들 앞에 섰고, 사람들을 대신하여 하나님 앞에 섰다. 그분 앞에 서면 그가 대표하는 사람들을 위해 그분께 간구했고, 사람들 앞에 서면 그분을 대신해 교훈하고 권면했다. 그리고 사람들을 완전히 이해하고 동정하는 입장에서 그분께 나아갔는데, 그렇게 할 수 있었던 것은 그 자신이 인간이기 때문이었다.

그러나 구약의 제사장직에는 치명적 약점이 있었다. 거룩하신 하나님과 타락한 인간 사이에서 중재하기 위해 그분 앞에 나아가는 제사장조차 백성의 죄뿐만 아니라 자기의 죄를 위해서도 속죄해야 하는 죄인이라는 것이다! 바로 이 점에서 구약의 제사장직에는 근본적인 한계가 있었다. 이것을 꿰뚫어본 아이작 왓츠는 그의 찬송가 〈모든 짐승의 피조차〉(Not All the Blood of Beasts)에서 이렇게 노래했다.

유대 제단에서 죽임 당한
모든 짐승의 피조차
죄의 짐에 눌린 양심에 평안을 주지 못했고
죄의 얼룩을 지울 수 없었네.
그러나 하늘의 어린양 그리스도는

우리의 모든 죄를 제거하시니,

제단의 짐승들보다 더 뛰어난 이름과

더 진한 피로 드려진 제물이시네.

제사장은 그가 드리는 제물의 피로 자기의 죄를 완전히 제거할 수 없었고 단지 제한적으로 그렇게 했을 뿐이다. 구약 시대에 하나님이 죄를 용서하신 것은 우리의 대제사장이신 예수 그리스도가 오실 때까지 죄를 덮어두신 것이었다.

이 땅에 오신 그리스도는 하나님과 인간 사이에 화목을 이룰 수 있는 자격을 완벽하게 갖춘 분이셨다. 그분은 하나님이 세우신 제사장이셨는데, 이것이 첫 번째 자격 조건이었다. 하나님은 그분께 "너는 내 아들이고 영원한 제사장이다"라고 말씀하셨다. 그분은 그분의 백성을 불쌍히 여기셨고, 그들을 위한 화목을 이루기 원하셨다. 제사장의 자격을 갖추셨기 때문에 영원한 구원을 이루셨고, 영원한 구원의 원천이 되시며, 영원한 구원을 사람들에게 주신다.

의지하고 순종하라

존 헨리 사미스의 〈예수 따라가며〉(Trust and Obey)라는 소박한 찬송가는 아주 근본적인 것을 우리에게 가르쳐준다.

의지하고 순종하는 길은
예수 안에 즐겁고 복된 길이로다

의지하는 것과 순종하는 것은 비유적으로 말해서 새의 두 날개와 같다. 옛날 어떤 현인은 "두 날개가 무거워 날지 못하는 비둘기는 없다"라고 썼다. 비둘기는 두 날개 때문에 하늘로 날아오를 수 있다. 의지하는 것과 순종하는 것은 그리스도인의 두 날개이다.

우리는 의지하고 순종해야 한다. 순종하는 것은 의지하기 때문이다. 그리고 순종하기 위해서는 의지해야 한다. 믿음 없이 순종하려고 한다면 실패한다. 순종 없이 믿음만 가지려고 한다면 아무것도 이룰 수 없다.

그리스도께서는 그분께 순종하는 사람들과 그분을 신뢰하는 사람들에게 영원한 구원을 주셨는데, 여기서 알 수 있듯이 '순종하는 것'과 '신뢰하는 것'이 동의어까지는 아닐지라도, 적어도 유의어(類義語)이다. 이 두 가지는 동전의 양면과 같다.

동전을 생각해보자. 고운 톱으로 동전을 갈라서 쪼갠다면 한쪽 면으로 물건을 살 수 있을까? 동전의 한쪽 면만 본 판매원은 일단 의심 없이 받겠지만, 손 안에 쥐면 즉시 이상하다고 느끼고 "이게 뭡니까? 지금 장난합니까? 동전의 한 면만 있지 않습니까?"라고 항의하며 당신에게 다시 돌려줄 것이다. 한 면 밖에 없는 동전을 유통시킬 수는 없다. 양쪽 면이 다 있어야 화폐로서 제 구실을 할 수 있다.

신뢰는 동전의 한 면이고 순종은 또 다른 면이다. 그러나 교회는 고운 톱으로 동전의 양면을 갈라서 쪼갠 다음 "순종할 필요는 없으니 믿기만 하십시오"라고 가르친다. 믿기만 하면 된다는 것이 교회의 가르침이다. 그러나 동전을 나누면 안 된다. 양면이 갈라진 동전은 아무 짝에도 쓸모없다. 신뢰만으로도 안 되고, 순종만으로도 안 된다. 신뢰하고 순종해야 한다. 하나님을 믿어라. 그리고 나가서 순종하라. 그러면 이것이 영원한 구원의 길이라는 걸 알게 될 것이며, 예수 그리스도께서 당신의 모든 것이 되실 것이다.

어떤 이들은 그들 나름대로의 길을 찾으려고 애쓴다. 내가 볼 때, 아마도 지름길을 찾는 것 같다. 그러나 하나님의 존전에 이르는 지름길은 없다. 모세는 불타는 떨기나무에서 하나님을 만나기 전에 광야의 후미진 곳에서 40년을 보내야 했다.

바로(Pharaoh)의 궁전에서 성장기를 보냈던 모세에게는 40년 광야생활이 결코 편하지 않았을 것이다. 그러나 하나님의 타이밍은 언제나 완벽하다. 그렇기 때문에 오직 그분만이 우리의 안내자가 되시어 그분의 존전에 이르는 길을 안내해주실 수 있다.

그분께 이르는 길은 편하지도 않고 지름길도 없다. 우리에게 계신 대제사장은 지름길을 가시지 않았고 오히려 고난의 길을 끝까지 가서 십자가를 지셨다. 그리고 지금은 아버지 하나님의 우편에 앉아 계시다. 우리의 중보자와 대제사장이 되기 위해 그분은 그 길을 끝까지 가셨다.

만일 그분이 지름길을 선택하셨다면 어떻게 되었을까? 그날 밤, 즉 겟세마네 동산에서의 그 어두운 밤을 생각해보라. 그날 밤 그분은 "내 아버지여 만일 할 만하시거든 이 잔을 내게서 지나가게 하옵소서 그러나 나의 원대로 마시옵고 아버지의 원대로 하옵소서"(마 26:39)라고 기도하셨다. 편한 길을 택하지 않으셨고 지름길을 찾지도 않으셨다. "나의 원대로 마시옵고 아버지의 원대로 하옵소서"라고 기도하셨기 때문에 우리의 안내자가 되실 수 있는 것이다.

그리스도께서 편한 길을 마다하고 십자가의 길을 가서 우리를 위해 죽음을 맛보시고 우리의 대제사장이 되셨으므로 우리가 그분을 의지하고 순종하는 것이 당연하다.

하나님께 임명을 받아 인간을 위한 대제사장이 되신 예수 그리스도만이 우리를 하나님의 존전으로 이끌고 갈 수 있는 유일한 안내자이시다. 바로 이런 이유 때문에 우리의 영혼의 원수가 우리와 하나님 사이에 끼어들어 방해하려고 애쓰는 것이다. 하지만 그리스도를 발견한 사람들은 완전한 안내자를 찾은 것이다. 그분을 따르는 중에 그들은 하나님의 임재가 안식과 평안을 준다는 것을 깨닫게 된다.

그분을 알기 원하라!
그분의 이름 안에 가득 담긴 부요함을
끊임없이 탐구하는 것을
인생의 목표로 삼아라.
그분의 죄 없는 얼굴을 밝혀주는 영광들을
천국의 지혜로써 찾기를
삶의 목표로 삼아라.

그리하면,

저 높은 곳을 향해 가는 길에서

보호하고 인도하시는 그분의 능력을

날마다 체험하게 될 것이다.

그리하면,

변화들 속에서도 변하지 않고

손실(損失)들 속에서도 흔들리지 않으며

평화롭고 순수한 마음으로

그분의 임재를 맛보게 될 것이다.

밤낮으로 영 안에서 그분과 함께 거하고,

보는 것이 아니라 믿음으로 그분과 동행하고,

네 계획이 아니라 그분의 계획대로 그분과 함께 일하고,

세상을 버리고 그분을 굳게 붙들고,

이 땅에서 이타적인 사랑의 삶을 살고,

마음과 생각을 저 위의 것들로 향하게 하라!

그리하면 결국,

그분을 밝히 보게 될 것이며,

그분이 너를 아시듯이

네가 그분을 알게 될 것이다.

_맥스 I. 라이크(Max I. Reich)

〈그분을 알기 원하라!〉

우리에게 나타나는 하나님의 임재

"지금 우리가 하는 말의 요점은 이러한 대제사장이 우리에게 있다는 것이라 그는 하늘에서 지극히 크신 이의 보좌 우편에 앉으셨으니 성소와 참 장막에서 섬기는 이시라 이 장막은 주께서 세우신 것이요 사람이 세운 것이 아니니라"(히 8:1-2).

우리 가운데 나타나는 하나님의 임재의 본질을 이해하려면 두 가지 요소, 즉 초월적 요소와 신비적 요소를 살펴보아야 한다. 그리고 이 말 속에는 "그리스도인들의 신앙에 없어서는 안 되는 개념들이 몇 개 있다"라는 뜻이 내포되어 있다. 성경의 모든 부분은 서로 완벽하게 연결되어 있기 때문에 어느 한 부분을 파괴하면 나머지도 모두 파괴된다. 그렇기 때문에 나는 자유주의자를 용납하고 싶지 않고 그럴 의도도 없다. 자유주의자는 자기가 믿고 싶은 것은 믿고, 자기에게 맞지 않는 것은 거부한다. 고집스럽게도 그렇게 한다. 그 결과, 그들은 모든 것을 파괴했다. 성경의 모든 것은 서로 밀접하게 연결되어 있기 때문이다.

인간의 본성을 초월하시는 하나님의 임재

하나님의 임재의 본질은 인간의 본성을 초월하기 때문에 단순히 인간의 사고로는 이해할 수 없다. 우리가 성경을 읽을 때 기억해야 할 것은 성경의 모든 부분이 소위 '초월적 세계관'을 가르친다는 것이다.

'초월적'이라는 말이 철학에서는 여러 가지 의미로 사용되지만 나는 어딘가에 절대적 존재가 있다는 의미로 이 말을 사용하고 싶다. 상대적인 것이 아닌 존재가 어딘가에 존재한다. 이 존재는 고정되어 있고, 최종적이며, 시작도 없고 끝도 없다. 이 존재는 생명, 시간, 공간, 물질, 운동, 법칙과 같은 모든 것을 초월하는데 우리는 이 존재를 '하나님'이라고 부른다. 그리스도인은 이 분에 대해 '하늘에 계신 우리 아버지'라고 부른다.

이것은 신약성경의 주요 진리들 중 하나인데, 이 진리를 성경에서 제거하는 것은 스웨터의 실 한 가닥을 계속 잡아당기는 것과 같다. 만일 스웨터의 실 한 가닥을 계속 잡아당기면 스웨터는 결국 사라지고, 무지무지하게 긴 실만 남게 될 것이다. 이와 마찬가지로, 이 위대한 기본적 진리를 성경에서 제거한다면 기독교의 소맷자락의 실을 자꾸 잡아당겨 결국 기독교를 골동품으로 만드는 꼴밖에 안 된다.

이 기본적 진리에는 하나님이 하나님이시라는 것, 그분에게는 시작이 없었다는 것, 그분이 만물을 창조하셨다는 것이 포함된다. 우리는 이 기본적 진리를 절대적으로 받아들여야 한다. 만물의 창조에 대해 성경은 "만물이 그에게서 창조되되 하늘과 땅에서 보이는 것들과 보이지 않는 것들과 혹은 왕권들이나 주권들이나 통치자들이나 권세들이나 만물이 다 그로 말미암고 그를 위하여 창조되었고"(골 1:16)라고 말한다.

나는 이 진리를 받아들이지 않는 이들이 많다는 걸 잘 안다. 자유주의자, 유물론자, 일부 과학자들이 이것을 부정하지만 나는 그들의 부정에 개의치 않는다. 우리의 삶에서 중요한 것은 부정이 아니라 긍정이다. 우리는 "이 세상 위에 또 하나의 세상이 있고 이 세상은 단지 그것의 그림자에 불과하다. 저 위의 세상에는 보좌가 있고 그 보좌에 앉아 계신 하나님께서 우주를 다스리신다"라는 진리를 긍정한다. 우리가 긍정하는 것을 일부 사람들이 어떻게 받아들이든 개의치 않는다.

이런 초월성을 인식하는 것은 신비로운 것이다. 지금 내가 말하는 신비는 동양의 비전적(秘傳的, esoteric) 종교들에서 말하는 신비가 아니다. 나는 그리스도인이 자기를 위해 하나님을 만나고 아는 일이 가능하다는 뜻에서 '신비'라는 말을 쓰는 것이다.

우리는 어려움을 이겨내고 앞으로 나아가 결국 지성소라는 거룩한 곳에 이르러 마음으로 하나님을 만나고 알고 느끼고 지각하고 체험할 수 있는데, 이런 경험은 어떤 인간이나 인간적인 것을 체험하는 것보다 훨씬 더 아름답고 놀라운 일이다. 내가 이 책에서 말해주고 싶은 것이 바로 이 경험이다. 그리고 이 경험은 기독교에서 가장 중요한 것이다.

하나님을 창조주요 머리요 주님으로 삼는 초월적 세계의 존재를 부정하고 기독교의 신비적 요소를 부정하는 사람이라면 차라리 성경책을 덮고 나가서 산책을 하는 편이 더 나을 것이다. 이 두 가지를 부정하는 사람은 절대 성경을 이해할 수 없기 때문이다. 기독교가 '직관적 지식'(하나님의 마음에 대한 직접적 인식) 없이도 설명될 수 있는 교리로 압축될 수 있다면 기독교의 신비는 사라진다. 하나님이 우주 안에 임재하시고 인간이 예수 그리스도를 통해 그분을 알 수 있다는 진리를 부정하는 사상을 전파하는 단체에게는 동전 한 닢도 기부하지 않겠다는 것이 내 생각이다.

천국의 그림자인 세상

이 세상은 천국의 그림자이다. 물론, 죄를 빼고 말이다. 천국이 빛을 아래로 비추어 그림자를 만드는데, 우리가 '이 땅과 이 땅의 모든 것'이라고 부르는 것이 바로 이 그림자이다. 그러나 죄가 있는 곳은 어디든지 천국의 그림자가 아니라 지옥의 그림자이다. 죄는 병, 기형, 역병, 충해, 반역, 오류, 신성모독 그리고 도착(倒錯)이다. 이런 죄가 천국의 일부일 수는 없다. 천국에는 죄 같은 것이 전혀 없고, 또 죄 안에는 천국 같은 것이 전혀 없기 때문이다. 죄는 우주 안에 있는 사악한 것이며, 잠시 동안 이 땅에 존재하도록 하나님께서 허락하신 것이다. 하나님께서 그분의 분명한 계획과 예지(豫知)에 따라 죄의 날을 정하셨으며, 죄의 때는 이제 얼마 남지 않았다.

그분의 선한 뜻이 정한 때가 이르면, 그분이 죄를 멸하고 우주 밖으로 쫓아내실 것이기 때문에 죄가 남아 있지 않을 것이다. 다시 말하지만, 이 땅은 천국의 그림자이다.

창세기 1장 1절은 "태초에 하나님이 천지를 창조하시니라"라고 말한다. 우주는 하나이고 창조주도 한 분이시다. 하나님은 우주가 영원한 분열에 빠져 있도록 창조하지 않으셨고, 오히려 그것을 하나로 지으셨다. 그분이 만드신 우주는 여러 부분으로 분열되어 서로 대립하지 않고 오히려 서로 조화 가운데 협력한다. 이 땅에 계실 때 그리스도는 천국과 이 땅의 통일성을 가르치셨고, 모든 것에는 그것에 상응하는 영적 존재가 있다고 말씀하셨다. 그렇기 때문에 그분은 천국에 계셨을 때처럼 이 땅에서도 평안을 느끼셨다.

많은 사람들이 우리 주님이 이 땅에 오신 것에 대해 불필요하게 슬퍼한다. 그분의 성육신을 가엾게 여겨 흘리는 불필요한 눈물이 너무 많다. 인간의 모양으로 오실 때 그분은 당혹감이나 어려움을 느끼지 않으셨다. 하나님께서 처음에 인간을 창조하실 때 그분의 형상대로 만드셨기 때문이다. 그리스도의 성육신을 믿는 것은 전혀 어려운 일이 아니다. 인간의 형상을 만드신 하나님께서 그 형상 안으로 들어가시는 일은 어려운 것이 아니었기 때문이다. '경건한 신비'라고 부를 수 있는 성육신이 이해하기에 불가능한 것은 분명하지만, 그렇다고 해서 믿기 어려운 것은 아니다.

그리스도께서 인간의 형상으로 성육신하셨다. 그분은 천사의 형상으로 성육신하신 것이 아니다. 천사들이 피조물의 순서에서 아무리 높은 위치에 있다 할지라도 하나님의 형상으로 창조되었다고 말하지는 않는다. 그분의 형상으로 창조된 것은 인간이므로, 하나님께서 육체로 이 땅에 오실 때 인간의 본질과 딱 들어맞으셨다. 우리 주 예수님은 꽃, 나무, 아기, 여자와 남자 그리고 그 밖의 온갖 것이 있는 이 땅에서 사셨다. 그런데 그분의 이런 삶은 육신으로 이 땅에 오시기 전에 천국에서 사셨을 때만큼 자연스러웠다. 하나님이 보시기에 천국과 이 땅은 하나이기 때문이다.

지금 천국과 이 땅을 갈라놓는 유일한 것은 '죄'라고 불리는 사악한 것이다. 현재의 상태는 미생물이나 박테리아나 바이러스가 건강한 사람의 정맥에 들어와 갑자기 병을 일으킨 것에 비유될 수 있다. 하지만 죄를 뺀다면 우주에서 천국과 이 땅은 하나이다. 지금 이 땅에는 죄라고 불리는 바이러스가 존재하지만 그리스도의 보혈과 성령의 능력으로 죄가 이 땅에서 제거된다면 천국의 빛이 이 땅에 비출 것이다. 이 땅과 천국이 모두 하나님에 의해 창조되었기 때문이다.

예수님은 이 땅에서 사람들 가운데서 사실 때 새들을 예로 들면서 "너희가 마땅히 귀를 기울여야 할 새들의 설교가 있다"라는 취지로 말씀하셨다. 그리고 이곳저곳에서 자라고 있는 꽃들, 특히 백합을 가리키시며 이렇게 말씀하셨다.

"저 백합도 너희에게 교훈을 줄 수 있다. 아름답게 자라는 저 백합만큼 아름다운 사람은 팔레스타인 어디를 보아도 없다. 지극히 화려하게 차려입은 솔로몬조차 저 백합만큼 아름답지는 않았다. 하나님이 만드신 저 백합은 솔로몬처럼 치장하지 않았는데도 저토록 아름답다. 그러므로 더 이상 근심걱정하지 말고 하나님께 영광을 돌려라. 저 꽃을 만드신 분이 너희를 돌보지 아니하시겠느냐?"

예수님은 이 땅에서 바람, 물, 빛, 생명, 성장, 상급, 심판 같은 것들에 대해 말씀하셨는데, 이 말씀 속에는 "하나님만큼 오래 되었고 그분의 보좌에 뿌리를 둔 법칙이 이 땅에 적용되어 생긴 것이 바로 이런 것들이다"라는 뜻이 들어 있다.

나는 그리스도인들이 한 가지 잘못된 사상에서 빨리 벗어나기를 바라며 기도한다. 이 사상은 "이 땅은 하나님의 우주 안에 있는 모종(某種)의 깊고 어두운 지하 동굴 안에 있고, 하나님의 도성은 저 먼 곳 어딘가에서 천상의 영광 속에 빛나고 있다. 그곳에서 멀리 떨어져 있는 이 땅과 그분의 도성 사이에는 아무런 연결성이 없다"라고 말한다. 마귀는 우리가 이런 사상을 믿기를 바라지만 나는 단 1분 동안이라도 믿지 않는다.

살아 있고 깨어 있어서 하나님의 빛에 민감한 그리스도인은 '하나님이 계획하시고 지으실 터가 있는 성'(히 11:10)을 볼 수 있다. 더욱이 이런 그리스도인은 천국에 직접 가보지 않아도 천국을 볼 수 있다. 여기서 천국을 본다는 말은, 그가 밤에 환상을 보고 아내를 깨워 "내가 방금 천국의 환상을 보았소"라고 말할 때처럼 천국을 본다는 뜻이 아니다.

나는 환상 같은 것을 그렇게 좋아하는 타입이 아니다. 나는 지금까지 환상을 본 적이 없다. 내가 밤에 자면서 꾼 모든 꿈들은 내가 먹었던 것이나 보았던 것을 통해 설명할 수 있는 꿈들이었다. 그렇지 않은 꿈은 꾼 적이 없다.

내가 말하고 싶은 것은, 내면적으로 살아 있으면서 하나님의 생명을 가진 그리스도인은 사람들 중에 있을 때나 천국에 있을 때나 똑같이 편하고 자연스럽다는 것이다. 예수님처럼 이 땅과 천국을 모두 자연스럽게 느끼기 때문이다.

예수 그리스도께서는 이 땅에서 사실 때 하나님 아버지의 품에 계셨는데 이것은 결코 모순된 것이 아니다. 이 땅에서 사는 그리스도인이 그의 불신자 친구에게 "나는 하나님의 품 안에서 살고 있다"라고 말한다면 그 친구는 눈썹을 치켜 올리고 고개를 가로저으며 '이 사람이 정신적으로 문제가 있는 것이 아닌가' 하는 걱정스런 표정으로 바라볼 것이다. 그러나 그에게는 아무런 문제도 없다! 이 사람은 사실을 말한 것뿐이다. 즉, 이 땅에서 살아가지만 하나님의 품에 있다는 사실 말이다! 그는 하나님의 나라 안에 있다. 사도 바울은 "너희가 하나님 안에 있고 하나님이 너희 안에 계시다"라고 말했다.

성경에서 발견되는 표징(標徵)과 자연에서 보이는 표징이 동일하기 때문에 우리는 이 중 하나를 만드신 분이 다른 하나도 만드셨다고 결론 내리지 않을 수 없다.

잠시 자연에 대해 다시 생각해보자. 맑은 날 밤에 하늘을 올려다보면 별들이 보인다. 어릴 적에 나는 별들을 세려고 했지만 금방 포기하고 말았다. 포기한 것이 잘한 일이다. 과학자들 말대로 별들은 무수히 많아서 셀 수 없기 때문이다. 밤하늘을 올려다보면 작은 흰색 점 같은 것이 보이는데, 우리는 이것을 별이라고 부르겠지만 과학자들의 말에 의하면 이것은 별이 아니라 별들이 모여 만든 은하계이다. 그렇다면 은하계 안에는 얼마나 많은 별들이 있을까? 아무도 모른다. 망원경으로 보았을 때 겨우 알 수 있는 것은 수십억을 몇 번 곱한 것에다가 다시 수십억을 곱한 것 정도로 많다는 것이다!

별들을 올려다보았을 때 우주에 비해 자기가 얼마나 작은지 깨달은 다윗은 하나님 앞에 무릎을 꿇고 이렇게 노래했다.

"주의 손가락으로 만드신 주의 하늘과 주께서 베풀어 두신 달과 별들을 내가 보오니 사람이 무엇이기에 주께서 그를 생각하시며 인자가 무엇이기에 주께서 그를 돌보시나이까"(시 8:3,4).

경이로운 피조세계를 해석하려는 인간의 노력

하나님의 경이로운 피조세계를 접한 인간은 그것에 대해 연구하고, 자료를 모으고, 무게와 길이를 재고, 첨단도구를 개발하여 더욱 정확히 측정하려고 애쓴다. 속량 받지 못한 사람이 경이로운 피조세계에 어떤 반응들을 보이는지 생각해보자.

1. 천문학

천문학의 도움을 받은 사람은 없지만 별들의 도움을 받은 사람은 무수히 많다. 밤에 작은 도시의 상점에서 물건을 산 후 목초지를 가로질러 집으로 걸어가던 수백만의 농부들은 고개를 들어 하늘의 별들을 보며 마음속으로 "하나님, 제가 살아 있음을 감사하고, 살아 계신 하나님이 저 위에 계심을 감사합니다"라고 기도했다. 천문학은 인간이 별들을 보고 만들어낸 학문에 불과하다.

2. 식물학

꽃의 경우도 마찬가지이다. 하나님께서는 꽃이 어디에나 있게 하셨다. 세상의 모든 것은 나름대로 다 목적이 있기 때문에 존재한다. 깊은 뜻을 갖고 행하시는 하나님께서는 사리에 맞는 목적에 따라 모든 것이 존재하게 하셨다. 내가 볼 때, 그분이 꽃을 만드신 것은 여기 이 땅에 있는 그분의 형상을 닮은 피조물에게 미적 감각이 있다는 걸 아셨기 때문이다. 이 피조물에게는 아름다움을 감상할 줄 아는 능력이 있었다. 그렇기 때문에 그분은 꽃을 평범한 존재로 만드시지 않고, 너무 아름답게 만드셨다. 봄에 처음 피는 꽃을 보면 너무 기쁜 나머지 숨이 멎을 것 같지 않은가? 꽃을 보면 "어떤 사람의 도움 없이도 꽃이 저렇게 폈구나! 그렇다고 꽃 스스로 핀 것도 아니다. 하나님께 감사하자. 저 꽃을 만드신 분이 나를 지켜주실 것이다"라는 고백이 절로 나올 것이다.

그러나 식물학자라는 사람은 꽃을 꽃잎과 수술과 그 밖의 여러 부분으로 분석한다. 그의 연구 결과로 이내 큰 책이 하나 만들어지지만 아무도 그 책을 좋아하지 않는다. 이렇게 탄생한 식물학을 고등학교와 대학교에서 젊은 학생들에게 억지로 공부시키지만, 결국 그들이 "다시는 꽃을 쳐다보지도 않겠다"라고 마음속으로 은밀히 결심하게 만들 뿐이다.

우리는 "하나님이 만드신 아름다운 꽃을 통해 그분의 아름다운 세상을 깊이 살피고 음미하라"라고 말하지 않고, 대신 깔끔하게 인쇄된 큰 책을 안겨준다. 시험에 통과하겠다고 독한 마음을 먹은 학생은 밤새 낑낑 대며 그 책을 공부한다. 이것이 우리가 하나님의 꽃에 대해 저지른 짓이다. 꽃은 사라지고 식물학만 남았다.

3. 지질학

하나님은 그분의 하늘 아래에 바위와 산이 있는 아름다운 세상을 만들어 놓으셨다. 이것들은 보기에 참 좋다. 나는 펜실베이니아 주에서 성장했다. 이제와서 보니 내가 살던 곳에는 버찌가 많았다. 그 당시에는 몰랐는데, 너무 흔해서 그 진가를 알지 못했기 때문이다. 우리는 성장기에 너무 흔하게 보아서 그 가치를 잘 모르던 것에 대해 성장한 후에야 그것의 귀중함을 깨닫곤 한다.

내가 어릴 적에 본 것은 낮은 산들과 그 산들 사이로 흐르는 작은 시냇물과 하늘을 배경으로 우뚝 선, 온통 소나무로 덮인 높은 산들이었다. 그 바위나 산들은 정말 아름다웠다. 그런데 이렇게 아름다운 곳에 어떤 사람이 현미경과 작은 망치를 들고 나타난다. 이름하여 지질학자라는 사람이다. 이들이 자꾸 지질학을 가르치자 사람들은 바위와 산에 대한 경이감을 잃어버렸고, 그들의 머릿속에는 지질학에 관한 지식만 남았다.

4. 동물학

우리가 또 생각해볼 수 있는 것은 새이다. 당신이 많이 보았던 것은 새들이 이른 봄에 찾아와 알을 낳아 부화하면 나뭇가지들 사이에서 지저귀다가 차가운 가을바람이 불기 시작하고 갈색 나뭇잎이 맥없이 사방으로 날릴 때면 다시 남쪽으로 돌아가는 모습이었을 것이다.

나는 새를 바라보는 걸 즐기곤 했다. 비둘기들이 날아와 헛간 꼭대기에 앉아 휘청거리며 걷고 꾸꾸꾸 울며 서로를 향해 머리를 까딱까딱 내미는 모습을 보면 아주 재미있었다. 새들 때문에 즐거운 시간을 보낼 수 있었다. 그러나 새나 토끼를 교수들에게 주어보라. 그들이 돌려주는 것은 동물학뿐이다!

자연이 주어졌지만 인간은 자연을 그 자체로서 즐기지 못하고 학문으로 만들어버린다. 하나님께서는 나무들이 있는 아름다운 에덴동산을 아담에게 주시며 "이것은 네 것이니 네가 사용해라. 하지만 잘 돌보아야 한다. 아무튼 이것은 네 것이다"라고 말씀하셨다. 그러나 그 후 아담은 죄를 범했다. 만일 범죄한 아담이 에덴동산에 다시 돌아와 살았다면 책 한 권을 만들어냈을 것이다. 그렇게 그 동산의 모든 아름다움은 사라지고 대신 체계적 학문만이 남았을 것이다.

인간의 하나님 연구

인간은 자연에 대해 한 짓을 성경에 대해서도 반복한다. 하나님이 주신 그분의 말씀, 즉 성경은 고향에서 온 편지와 같은 것이다. 우리가 캠프 수련회를 자주 가졌던 시절에 부르곤 했던 작자 미상의 짧은 노래에는 이런 가사가 들어 있었다.

내 아버지가 보내신

편지가 내게 있다네.

내 손에 있다네,

내 손에 있다네.

내 형님이 쓰신 이 편지는

장엄한 것이네,

장엄한 것이네.

이것이 탁월한 찬송가라고 말할 수는 없겠지만, 그럼에도 불구하고 여기에는 놀라운 진리가 담겨 있다. 하나님께서 보내신 편지가 우리의 손 안에 있다는 진리 말이다! 그런데 이 편지를 두꺼운 안경을 낀 교수들에게 주어보라. 이내 그들은 아무도 읽고 싶어 하지 않는 신학 책을 만들어낼 것이다!

언젠가 기독교 대학에 다니는 어떤 학생이 내게 이런 편지를 보내왔다.

"목사님께 도움을 받으려고 이 편지를 씁니다. 제가 신앙적으로 퇴보하는 것인지 아니면 어떤 다른 문제가 있는지 고민됩니다. 저는 신학연구가 세상에서 가장 즐겁고 가슴 설레고 재미있는 것이라고, 적어도 머리로는 믿습니다. 신학이라는 것이 하나님과 그분의 일을 연구하는 학문이기 때문입니다. 이런 학문이 재미있는 것이 당연하지 않겠습니까? 그런데 우리 교수님이 가르치는 신학은 전혀 그렇지 않습니다. 즐겁지 않으니까 듣기도 싫습니다."

나는 답장을 써서 내 나름대로 최선을 다해 설명을 해주었다. 그럴 수밖에 없었는데 사실 나도 이 학생과 똑같은 고민을 했었기 때문이다. 얘기를 좀 정리해보자. 우리에게는 성경이 있다. 즉, 하나님이 그분의 백성에게 보내신 편지가 있다. 하지만 학자들은 이 성경을 취하여 분석하고 조직화하기 때문에 그들의 말을 이해하려면 많은 교육을 받아야 한다. 그러나 이것은 주님이 의도하신 것이 아니다. 그분의 말씀은 그분의 '모든' 자녀를 위해 주어진 것이다.

미국 대륙을 정복하여 정착한 사람들은 초등학교 정도만 마친 사람들이었다. 대개의 경우, 맥거피 리더(McGuffey Reader: 미국의 학교들에서 19세기 중엽부터 20세기 중엽까지 널리 사용되었던 교과서)를 갖고 공부한 것이 그들이 받은 교육의 전부라고 말할 수 있다. 그러나 그들은 글을 읽을 줄 알았고, 학자들이 번역한 성경 역본들을 갖고 있었기 때문에 그것들을 가지고 신앙생활을 했다. 그것들 이외에 다른 것들이 있다는 사실조차 몰랐다.

단순하고 소박한 어린아이 같은 것, 이것이 중요하다! 하나님은 그분의 일들을 '지혜롭고 슬기 있는 자들에게는 숨기시고 어린아이들에게는'(마 11:25) 나타내셨다.

나는 40년 동안 최신 유행의 옷을 입어본 적 없이 구식 검정색 옷을 입는 여인들을 많이 만나보았다. 이 소박한 사람들은 이 땅에 살고 있으면서도 이 땅에 사는 것이 아니었다. 분명히 요리하고 바느질하고 집안을 청소하고 상점에서 물건을 샀지만 여기에 살지 않았다. 그들은 세상을 가까이 하지 않았고, 대신 하나님을 늘 가까이 했다. 머리가 좋은 사람도, 교육을 많이 받은 사람도 아니었지만 하나님의 진리를 늘 바라보며 마치 어린아이가 꽃을 보듯이 즐거워했다. 다윗이 별을 보았듯이, 이사야가 산을 보았듯이 하나님의 진리를 보았다. 학문을 통하지 않고 직접 눈으로, 소박하게, 있는 그대로 보았다!

우리에게 주어진 신비로운 그림

이런 식으로 하나님의 진리를 보게 해주는 본(本)이 구약에 나오는데, 그것은 사람들 중에 거하시는 하나님의 임재를 설명해주는 성막이다. 인간을 이 땅의 초보적인 것들로부터 끌어올리기 위해 하나님의 임재가 위로부터 내려왔다. 주님은 산에서 모세에게 본을 보여주셨지만(히 8:5), 이제는 하늘에 성소, 참 장막(성막), 제단, 시은좌(施恩座) 그리고 대제사장이 계시다.

만일 예수님이 땅에 계셨더라면 제사장이 되지 못하셨을 것이다. 여기 이 땅에는 레위의 반차를 따르는 제사장들이 이미 있었기 때문이다(히 8:4). 구약은 레위인들의 제사장직을 초월하여 멜기세덱의 반차를 따르는 제사장이 오실 것이라고 예언했는데, 이분이 바로 예수님이시다. 이 예수님의 사역은 성막에서 섬기던 레위인들의 사역보다 훨씬 더 뛰어난 것이다.

당신이 레위기와 출애굽기를 읽고 그 내용을 잘 알게 된다면, 구약의 성막과 제사장직이 얼마나 아름다운 것인지 알게 될 것이다. 레위인의 반차와 성막의 아름다움은 정말로 대단한 것이었다. 하지만 애석하게도, 그 아름다움은 온통 피로 물들고 더러워졌다. 죄가 세상을 물들이고 더럽혔기 때문이다. 결국 세상을 씻으려면 피가 있어야 했기에 구약의 모든 제도에는 늘 피가 있었다. 어린양과 비둘기와 염소의 피 말이다. 하지만 이 모든 것은 그 자체로 의미를 갖는 것이 아니라 세상의 죄를 지고 가실 하나님의 어린양을 가리키는 것이었다.

이 성막은 이제 철거되어 하늘로 옮겨졌고, 거기에는 모든 어린양들의 희생을 종식시키기 위해 자신을 제물로 드리신 제사장이 우리를 위해 영원히 계시다. 이제 제단은 예루살렘이 아니라 하늘에 있다. 거기에서 하나님의 어린양은 유대인의 제단들에서 죽임 당한 모든 짐승들을 대신하신다. 그 분향단에서는 주께서 옛날에 유대에 있었던 일시적인 분향단을 대신하기 위해 간구하신다.

예수 그리스도는 참 제사장이시다. 엄밀히 말해서, 그분만이 제사장이시다. 그리고 2차적 의미에서 말하자면, 그분의 백성 모두가 제사장이다. 하지만 1차적 의미에서의 제사장은 오직 한 분, 바로 대제사장 예수 그리스도이시다.

이제 하나님과 인간 사이에는 막힌 것이 없다

이 모든 것은 우리에게 무엇을 의미하는가? 예수님이 이루신 영광스런 방법이 지금도 유효하다는 것이다! 구약 시대에는 1년에 한 번 대제사장이 자기의 피가 아닌 짐승의 피를 가지고 반짝반짝 빛나는 옷을 입고 성막으로 와서 휘장을 젖히고 안으로 들어갔다. 이 휘장은 너무나 거룩했기 때문에 오직 1년에 한 번 젖힐 수 있었다.

휘장 안으로 들어간 대제사장은 그룹들의 날개들 사이에 있는 시은좌에 피를 뿌렸고, 시은좌에서는 쉐키나(Shekinah: '거하는 것'이라는 뜻의 히브리어를 음역한 단어로서 많은 유대문헌에서 하나님의 임재를 상징하는 '하나님의 영광'을 가리키는 데 사용되었다)가 빛을 발하였다. 죄를 위하여 1년에 한 번 드려진 구약의 피 제사는 우리 주님이 십자가에서 "다 이루었다"라고 말씀하고 숨을 거두셨을 때 완성되었다.

여기서 우리가 배울 수 있는 것은 예수님이 하늘을 깨끗이 씻으셨기 때문에 이제 인간이 믿기만 하면 그와 하나님 사이에는 막힌 것이 하나도 없다는 것이다. 하나님께서 어린양 예수의 피로 하늘을 씻으셨기에, 이제 우리를 굽어보는 것은 우호적인 하늘이다.

예수님은 "수고하고 무거운 짐 진 자들아 다 내게로 오라 내가 너희를 쉬게 하리라"(마 11:28)라고 말씀하셨다. 성경의 마지막 책은 "성령과 신부가 말씀하시기를 오라 하시는도다 듣는 자도 오라 할 것이요 목마른 자도 올 것이요 또 원하는 자는 값없이 생명수를 받으라 하시더라"(계 22:17)라고 말한다.

어린양의 피가 하나님과 우리 사이를 가로막은 악을 씻어버렸다. 아무리 검은 얼룩이 있는 자라도, 아무리 하나님에게서 멀어진 자라도 그분께 나아가기를 원하면 그렇게 할 수 있다. 어차피 탕자들은 모두 그분에게서 똑같은 정도로 멀리 떨어져 있다. 누가 더 멀고 누가 더 가깝고 하는 것은 없다.

여전히 흉악한 죄인들에 대한 이야기가 우리의 귀에 들린다. 그러나 어두운 밤에 공원에서 성폭행과 살인을 범한 자가 셰익스피어를 읽고 베토벤을 듣고 가족에게 칭찬 받는 오만한 사업가보다 하나님에게서 더 멀리 떨어져 있는 것은 아니다. 모두가 죄인이고, 모두가 하나님의 영광에 이르지 못했다(롬 3:23). 인간은 모두 세상에서 소망도 없고 하나님도 없는 존재이다. 하지만 믿으려고 하는 사람에게는 하나님 안에서 소망이 생긴다.

성경은 '다윗의 집'에 있는 샘을 통해 길이 열렸다고, 즉 그리스도의 육체의 찢김을 통해 길이 열렸다고 가르친다. 비록 우리가 그의 악행에 치를 떨겠지만, 마음만 먹으면 집으로 돌아올 수 있다. 완전히 망가져서 쫓겨난 사람도 집으로 돌아올 수 있다. 교양 있는 죄인도 돌아올 수 있고, 교양 없는 비열한 죄인도 돌아올 수 있다. 모두가 돌아올 수 있다. 천국과 이 땅이 하나가 되었기 때문이다. 예수 그리스도께서 천국과 이 땅의 구별을 폐하셨다.

이제 우리는 하나님께 나아갈 수 있다. 바이러스가 몸 안을 돌아다니듯이 죄가 이 우주 안에서 돌아다니고, 세상이 절망적인 질병에 걸려 있지만, 예수님은 영혼의 의사이시기 때문에 그분의 피로 우리를 고쳐 그분께 돌아가도록 만드실 수 있다.

이 세상과 앞으로 올 세상에서 우리의 소망은 하늘 보좌 옆에 계신 구주 대제사장, 제단, 성전, 성막, 성소이다. 우리 그리스도인들에게는 이런 것들이 있다. 다만 내 마음이 편하지 않은 것은 우리가 이 진리에 대해 어째서 그토록 침묵하는가, 어째서 슬플 정도로 이것에 대해 무덤덤한가 하는 것이다. 내가 볼 때, 이 넓고 넓은 세상에서 가장 즐거워해야 할 사람들은 바로 우리 그리스도인들이다.

이제,
기쁨 가득한 눈으로
저 위에 계신 우리의 대제사장을 바라보자.
끝없는 그분의 돌봄과 동정과 사랑을 노래하자.

천사들이 사방에서 머리를 조아리는

천국의 높은 보좌에 앉으셨으나,

비길 데 없는 영광의 관을 쓰고

빛의 만군(萬軍) 위로 높아지셨으나,

그분은 모든 성도의 이름을

마음에 깊이 새겨 놓고 계신다.

지극히 미천한 그리스도인이라 할지라도

자기의 이름을 그분이 빠뜨리셨다고 말하지 말지어다.

그러하오니

오, 자비로운 구주여!

당신의 사랑스런 이름이 우리의 가슴에 있게 하시어,

앞으로 끝없이 태어날 세대들에게

거룩한 영광과 가호(加護)가 되게 하소서.

_필립 도드리지(Philip Doddridge)

〈이제, 기쁨 가득한 눈으로〉

05

하나님의 임재 안에서
참된 자유를 누리라

"대제사장마다 예물과 제사 드림을 위하여 세운 자니 그러므로 그도 무엇인가 드릴 것이 있어야 할지니라 예수께서 만일 땅에 계셨더라면 제사장이 되지 아니하셨을 것이니 이는 율법을 따라 예물을 드리는 제사장이 있음이라 그들이 섬기는 것은 하늘에 있는 것의 모형과 그림자라 모세가 장막을 지으려 할 때에 지시하심을 얻음과 같으니 이르시되 삼가 모든 것을 산에서 네게 보이던 본을 따라 지으라 하셨느니라"(히 8:3-5).

예배(경배)의 새 길이 이스라엘을 위해 피로 말미암아 열리고 있었다. 모세에게 하나님은 산에서 그에게 보여주신 본(本)에 따라 성막을 지으라고 명령하셨다. 하나님은 이스라엘 사람들에게 성막을 주셨는데, 거기에는 짐승을 제물로 바치기 위한 놋제단과 기도를 상징하는 분향단이 있었다. 뿐만 아니라 성막에는 지성소가 있었고, 지성소 안에는 언약궤가 있었다. 언약궤의 금 덮개는 '시은좌'(施恩座)라고 불렀다. 금으로 된 이 시은좌 위에는 서로를 향해 날개를 펴고 있는 그룹 둘이 있었다. 그리고 이 그룹들의 날개 사이에서 저 거룩한 불(쉐키나)이 타고 있었다.

또한 성막에는 제사장들이 있었는데, 그들은 제사장의 가문에서 태어난 자들로서 적절한 때에 기름부음을 받고 제사장의 직무를 수행했다. 그들은 특별한 옷을 입었는데 그 옷은 모두 하늘의 것들을 상징했다. 그리고 제사장들 위에 있는 대제사장은 장차 신약 시대에 오실 대제사장을 상징하는 존재이었다. 제단, 시은좌, 언약궤, 상(床), 벽 그리고 휘장을 만드는 데에는 어마어마한 노동력이 투입되었다.

이 모든 것들이 만들어져야 했지만, 모세에게는 도면 한 장 그리는 것이 허락되지 않았다. 단 한 장도 없었다. 어쩌면 모세에게는 그럴 만한 자격이 있었을지도 모른다. 본래 천재인데다가 교육까지 잘 받았기 때문이다. 그는 애굽에 살며 바로의 공주의 아들이라는 소문의 주인공으로서 성장기를 보낼 때 궁중의 이곳저곳에 있는 아름다운 건물들을 보았다. 그의 능력이나 경험의 탁월함을 생각할 때 나는 그가 설계해준 집이 있다면 기꺼이 그 집에서 살 것이다. 그러나 하나님은 그에게 다음과 같은 취지로 말씀하셨다.

"나는 네가 하늘의 성막을 본 따서 이 지상의 성막을 만들기 원한다. 네가 내 지시에 따라 성막을 만든다면, 하늘로부터 이곳으로 비치는 빛이 네가 만들게 될 성막에 다시 비치게 될 것이다. 네가 만들 성막은 이 땅에 잠시 동안만 있게 될 것이다. 그림자는 오래 머물 수 없는 법이다. 빛은 언제까지나 머물지만 그림자는 사라진다. 성막을 만들되 내가 보여준 것에서 벗어나지 마라. 네 뜻에 따라 마음대로 바꾸지 마라. 원안을 바꾸면 안 된다. 모세야, 내 말을 명심해라. 산에서 네게 보여준 본을 고수하라. 만일 네가 내 뜻과 달리 만든다면 하늘의 빛나는 영광이 불완전하게 반영될 것이기 때문이다."

하나님께서 계획을 설명하시다

하나님은 모세가 산에서 보았던 본에서 벗어나는 걸 원치 않으셨다. 하나님께 지시를 받은 모세에게는 그에게 제시된 본을 바꾸거나 개선할 자유가 없었다. 그렇게 될 수밖에 없었던 데에는 세 가지 이유가 작용했다.

1. 속량은 하나님이 이루시는 것이다

속량은 인간이 아닌 하나님이 이루시는 것이다. 아무리 지혜로운 사람의 머리도, 아무리 솜씨 좋은 사람의 손도 속량의 계획이나 목적에 끼어들 수는 없다. 그분이 창세전에 그리스도 예수 안에서 속량을 계획하셨으므로, 나를 비롯하여 어떤 인간도 그것에 손을 댈 수 없다.

2. 참 종교는 하나님이 계시해주시는 것이다

참 종교는 인간이 발견하거나 만들어내는 것이 아니다. 기독교는 하늘에서 내려왔지 땅에서 올라간 것이 아니다. 기독교의 뿌리는 이 땅에 있지 않고 하늘에 있기 때문에 인간이 끼어들 여지는 전혀 없다. 진정한 종교는 위로부터 계시된다.

인간이 세상 도처에 많은 종교를 만들어놓았고, 그것들 중 일부는 아주 그럴 듯하고 나름대로 의미도 있지만 속량의 종교는 아니다. 하나님은 "이것이 네가 정말로 따라야 할 참된 종교이고 하늘로부터 온 것이므로 너는 위로부터 빛이 내려와 하늘의 영광을 드러내도록 하기만 하면 된다"라고 말씀하신다. 당신이 구약이라는 거울을 바닥에 내려놓으면 거울 속의 상(像)은 남아 있지 않게 된다. 구약의 상(그림자)은 사라졌지만 하늘의 영원한 세계는 그대로 남아 있다.

3. 구원은 하나님께 받는 것이다

세 번째 이유는 인간이 구원을 이루는 것이 아니라 하나님께 받는다는 것이다. 만일 인간이 구원을 조금이라도 이룰 수 있다면, 예를 들어 전체 중에서 1퍼센트를 이룰 수 있다면 하나님은 모세에게 "99퍼센트 완벽한 청사진을 네게 주겠다. 네가 원하는 대로 그린 디자인이 있다면 그것으로 나머지 1퍼센트를 채워도 좋다. 1퍼센트를 네 몫으로 허락한다"라고 말씀하셨을 것이다. 그러나 그분은 그렇게 말씀하시지 않고 오히려 "모세야, 네 하나님 여호와가 만든 100퍼센트 도안을 네게 주니 네 멋대로 이 본을 바꾸면 안 된다"라고 말씀해주신다.

하늘은 어떻게 살아야 할지를 이 땅에 말씀해주신다. 이 점을 꼭 기억하라. 말하는 자는 하늘이고, 들어야 할 자는 땅이다. 명령하는 자는 하늘이므로 땅은 순종하기만 하면 된다.

질문은 허락되지 않는다. 하늘이 부르면 땅은 대답하면 된다. 하늘이 초대하면 땅은 응하면 된다.

신약 시대의 교회에게도 본이 주어졌는데, 하나님이 계시해 주신 이 본은 영원한 것들로 구성되어 있다. 이것들은 하나님이 정하신 계명들인데 영원히 참된 것이요, 각각의 나라들 전부에게 적용되는 것이요, 각각의 개인들 전부에게 해당되는 것이요, 어떤 조건들에서도 타당한 것이기 때문에 상대적인 것이 아니다. 오늘날 소위 '도덕의 상대성'이라는 것을 주장하는 자들이 있다. 그러나 하나님의 일들에 관한 한 우리는 이 얼빠진 주장, 즉 이 뿌리 없이 떠도는 '도덕의 상대성'이라는 것을 가차 없이 버리고 성경 말씀을 붙들어야 한다. 하나님이 말씀하시면 온 세상은 들어야 한다. 성경은 "땅이여, 땅이여, 땅이여, 여호와의 말을 들을지니라"(렘 22:29)라고 선포한다.

4. 하나님의 계시에 대한 인간의 반응

하나님이 자신을 인류에게 계시하신 것에 반응해서 사람들은 '신앙고백서'를 만들었고, 이것은 주후 4세기부터 기독교 예배에서 사용되어 왔다. 주후 325년에 처음 소집된 니케아공의회(로마의 콘스탄티누스 황제의 명령에 의해 니케아에 모인 감독들의 회의)에서 만들어낸 니케아신경은 하나님께서 그분의 영광을 이 땅에 비추어 이루신 모든 것과 그분의 존재의 모든 것을 받아들여 경건하게 선포했다.

더하거나 빼지 말고 그대로 행하라

하나님이 우리에게 주신 본은 그분의 진리를 위로부터 반영해주는 거울이다. 그분의 진리는 뿌리 없이 떠도는 상대적인 것이 아니며, 논쟁의 여지없이 참된 것이다. 그러나 공개토론회라는 것이 유행하는 이 시대는 논란이 생겼다 하면 대여섯 명의 토론자를 불러다가 토론을 시키지만, 그들이 쏟아내는 것은 무식뿐이다. 그들은 토론 주제에 대해 아무것도 모르면서 둘러 앉아 이러쿵저러쿵 토론만 계속할 뿐이다.

내가 부탁하고 싶은 것은 아무것도 모르면서 제멋대로 도안을 그려내지 말라는 것이다. 머리에 떠오르는 생각을 가미하지 마라. 널빤지 하나라도 갖다 붙이면 안 된다. 하나님의 옷에 실 한 가닥이라도 더 집어넣어서는 안 된다. 그분의 명령이 없으면 기초 하나라도 놓거나 기둥 하나라도 세우면 안 된다. 그분이 주신 본에서 조금이라도 벗어나지 마라.

오늘날 설교자들은 딱 부러지게 말하지 못하는 경향이 있다. 그들은 무엇이든지 양면성이 있다고 말한다. 그러나 하나님이 말씀하신 것에는 양면성이 없다. 그분의 말씀 그 자체만 있을 뿐이다. 그렇기 때문에 우리는 그분의 말씀에 다른 면이 있다고 생각하여 토론을 일삼는 짓을 해서는 안 된다. 그분의 말씀은 토론의 대상이 될 수 없다. 그리스도의 말씀은 토론에 부치라고 주어진 것이 아니라, 우리 안에 계신 성령의 능력에 의지해 겸손과 눈물 가운데 순종하라고 주어진 것이다.

하나님이 그분의 말씀 안에서 우리에게 계시해주신 것들이 기독교 신앙 안에 들어와 있다. 이것들은 그분이 거룩한 옷 안에 짜넣으신 굵은 실 같은 것이며, 만인의 삶의 기준이 되어야 할 철학이다. 살아가면서 필요에 따라 그때그때 철학을 만들어내는 것이 아니라, 하나님의 불변의 명령들을 발견하는 것이 자유의 길이다.

주님의 말씀은 영원하다. 그 말씀이 여기에 있다. 이제 당신은 이 말씀에 어떻게 반응할 것인가? 예수님은 "내가 한 그 말이 마지막 날에 그를 심판하리라"(요 12:48)라고 말씀하셨다. 하나님은 "이것이 내 말이니 이 말에 아무 말도 보태지 말아야 저주를 면할 수 있다. 물론, 내 말에서 그 무엇도 빼서는 안 된다"라고 말씀하신다. 하나님의 말씀은 내가 만지작거리며 장난하고 수정하라고 주어진 것이 아니라, 믿고 순종하라고 주어진 것이다.

우리는 성경의 본에 따라야 하며, 그것에 무엇을 보탤 수 있는 권세는 그 누구에게도 없다. 그것에서 무엇을 빼거나 그것을 어떤 식으로든 바꾸거나 자기 마음의 소원대로 개조할 권위는 누구에게도 주어지지 않았다. 그렇다! 하나님은 "너는 삼가 이 산에서 네게 보인 양식대로 할지니라"(출 25:40)라고 명령하셨다.

그러나 어떤 이들은 이런 명령을 두려워한다. 하나님의 말씀 안에 갇히기를, 즉 말씀의 울타리 안으로 들어오기를 원치 않는다. 성경의 교훈을 철저히 고수하면 편협해지고 길들여지고 정적(靜的)인 상태에 빠지게 될 것이라고 느낀다. 그러나 이런 것이 바로 악마의 논리이다. 이런 생각을 하는 사람들에게 우리는 "이 세상의 고통은 하나님의 본을 믿지 않기 때문에 생긴다"라고 말해주어야 한다.

세상의 모든 불행은 인류가 산에서 제시된 본을 따르지 않기 때문에 생긴다. 다시 강조하지만, 하나님은 인류를 위해 몇 가지 규칙을 주셨고 "내 얼굴의 빛 안에서 살아가기 원한다면 이렇게 살아라"라고 말씀하셨다.

공부벌레 바보들

모든 인간은 자기가 어리석은 판단을 하지 않는다고 생각했다. 하와는 자기가 누구보다도 지혜롭다고 생각했지만, 그 결과로 현재 우리가 이렇게 엉망진창의 상태에 빠져 있는 것 아닌가? 오늘날 이 세상에서, 이 넓고 넓은 세상에서 흘려지는 모든 눈물은 마음이 아파서 흘리는 눈물이다. 자기가 누구보다도 지혜롭다고 생각한 하와의 잘못된 선택의 결과, 지금 사람들은 자기가 하나님보다 더 많이 안다고 생각하여 자기의 일을 그분의 손에 맡기지 않고 자기의 힘으로 해결하려고 발버둥 치고 있다. 만일 아담과 그의 사람들(인류)이 산에서 제시된 본에 순종하고 그분의 말씀대로 살았다면, 지금 우리에게는 냉전도, 열전(熱戰)도, 무덤도, 사별도, 암도, 결핵도, 살인도 없을 것이다.

바보가 되는 데에는 두 가지 방법이 있는데 하나는 학교를 전혀 다니지 않는 것이고 다른 하나는 너무 오래 다니는 것이다. 내가 볼 때, 어떤 이들은 학교를 너무 많이 다닌 것 같다. 정어리를 예로 들어보자. 길이가 내 작은 손가락 정도 되는 놈 말이다. 내가 이놈을 파도치는 태평양 한가운데로 가지고 가서 물속에 집어던지며 말한다고 하자.

"정어리야, 얼마 동안 대양 안에서 돌아다니다가 다른 대양을 찾아봐라."

정어리가 내 말대로 한다면 얼마 후에 지쳐서 다른 대양 찾기를 포기할까? 아마 백만 년이 지나도 저 넘실대는 거대한 대양의 가장자리에도 도달하지 못할 것이다!

하나님은 눈 덮인 고봉(高峰)을 가진 산들이 즐비한 이 놀라운 세상을 우리에게 주셨다. 별들이 총총히 박힌 하늘이 아치 모양으로 세상을 굽어보게 하셨고, 골짜기에 바람이 불게 하셨으며, 세상을 푸른 나무로 덮고 꽃으로 장식하셨다. 그리고 "이 세상이 이제 네 것이다. 네 발로 밟는 곳은 모두 네 것이다. 사람의 아들들에게 이것을 주노라"라고 말씀하셨다.

그러나 나는 사람들에게 "형제여, 정체 상태에 빠지지 않도록 조심하십시오"라고 말해주고 싶다. 전문가들의 말에 의하면, 우리는 이미 가지고 있는 뇌의 3분의 1도 사용하지 않는다고 한다. 우리의 본성 안에 있는 놀라운 본(本)을 발전시키지 못하는 이유는 빈둥거리며 시간을 낭비하기 때문이다. 그러나 나는 정체 상태에 빠지지 않을 것이다. 저 위의 달이나 그 밖의 어떤 다른 곳으로 올라가 할 일 없이 떠돌아다닐 것이 아니기 때문이다.

만일 당신이 이미 하나님을 알게 되었다면 계속해서 그분을 더 깊이 알아갈 수 있다. 물질이나 공간이나 시간이나 법칙이나 운동을 상대하는 것이 아니라, 보이는 것과 보이지 않는 것을 만드신 영원한 하나님과 사귀는 것이기 때문이다. 하나님의 보좌 옆에서 그분을 섬기는 거룩한 존재들로부터 바다의 아메바에 이르기까지 그분의 모든 피조물을 생각해보자. 이들이 수백만 년이 지나 영원한 세월이 흐르는 동안 그분의 본성을 연구한다 할지라도 그분의 옷자락도 만지거나 찾지 못할 것이다.

저 밖의 세상 사람들이 지쳐서 주저앉는다 해도 그리스도인은 그러면 안 된다. 우리의 하나님은 자신을 늘 새롭게 하시는 영원한 샘이시기 때문에 결코 썩지 않으신다. 우리의 잘못, 그리고 인류가 역사 속에서 항상 범한 잘못은 하나님보다 지혜롭다는 착각에 빠지는 것이다. 그분이 "본을 따라 만들라"라고 말씀하셨지만, 우리는 "부분적으로는 그렇게 하겠습니다. 본의 영감이 주어진 것이 기쁘고 즐거운 일이지만 꼭 그 본대로 해야 한다고 생각하지는 않습니다. 그렇게 하면 지쳐서 주저앉게 될 것입니다"라고 말한다.

만일 우리의 이런 생각이 옳다면 하나님이 주신 본에서 가장 멀리 벗어난 사람이 가장 자유롭고 행복해야 할 것이다. 그러나 당신도 알다시피 결코 그렇지 않다! 주님의 말씀을 지키는 자가 노예처럼 속박 당하게 된다는 말이 옳다면, 그분의 말씀을 거부하고 그리스도의 계명을 어기는 자가 자유를 얻는다는 생각이 맞는다면, 하나님에게서 가장 멀어진 자가 가장 자유로워야 한다. 그러나 사실은 이와 정반대이다! 그분에게서 가장 멀리 떠나 있는 사람이 가장 비참한 노예이다.

가장 멀리 가서 그분과 멀어진 사람을 하나 예로 들어보자. 마약중독자가 "하나님의 속박의 줄을 끊어버리자"라고 말한다면 일시적으로는 그분의 계명에서 벗어나겠지만, 그의 등에 원숭이 한 마리가 올라타게 될 것이다. 마약이라는 원숭이 말이다. 마약뿐만 아니라 알코올이나 그 밖의 여러 가지도 이와 마찬가지이다.

시카고 시에는 아름다운 공원들이 있다. 67번째 스트릿 앤드 노스에서 조금 떨어진 곳에 있는 아름다운 한 공원을 울타리가 빙 두르고 있었다. 잘 가꾸어져 보기 좋은 울타리가 한쪽 도로를 따라 쭉 쳐져 있었고, 다른 도로 옆으로도 그랬고, 또 다른 도로 옆으로도 그랬다. 물론, 통로들과 큰 출입구들이 있었기 때문에 사람들이 안으로 들어가 공원을 이용할 수 있었다. 그러나 관계당국은 울타리를 철거할 수밖에 없었다. 못된 젊은이들이 울타리 뒤에 숨어 있다가 뛰어나와 여자들을 공격했기 때문이다. 이 도덕적 백치들이 숨어 있을 곳을 없애기 위해서는 울타리가 제거되어야 했다.

혹시 당신은 이런 자들이 자유로운 존재라고 생각하는가? 산에서 제시된 본을 비웃고 그리스도의 계명을 우습게 아는 그들이 자유를 누리며 사는 것처럼 보이는가? 대자연 속에서 마음껏 뛰어노는 야생의 왕자라고 생각되는가? 당신이 어떻게 생각하든 자유겠지만, 당신에게 딸이 있다면 그들에게 가까이 가게 하지 마라.

만일 그리스도인들이 노예라면, 그리스도의 계명에 순종하고 조상들의 신앙에 철저히 따르며 사는 것이 엄청난 속박이라면 그리스도인들의 손목에는 쇠고랑이 채워져 있을 것이며, 비트족(beatniks: 1950년대 후반과 60년대 초반에 기성 사회의 가치관에 반항하면서 독특한 복장과 행동으로 자신의 반항심을 표현했던 젊은이들) 같은 사람들이 세상에서 가장 자유로운 자들일 것이다. 그러나 사실은 오히려 정반대이다. 우리 그리스도인들은 새처럼 자유롭다. 반면, 턱수염을 길게 기르고 편히 쉬면서 닦지 않은 더러운 이빨을 드러내고 에스프레소 커피를 마시는 비트족은 그들 집단의 편견에 사로잡힌 노예이다. 그들은 어떤 틀에도 얽매이지 않는다는 철학에 따라 살아간다고 주장하지만, 그들은 그 철학에 굴종하는 노예일 뿐이다.

사복음서, 사도행전, 로마서, 고린도전후서, 갈라디아서, 데살로니가전후서, 요한서신 그리고 성경의 그 밖의 부분들은 모두 우리에게 있어서 산에서 제시된 본이다. 예수님은 이렇게 말씀하셨다.

"나의 계명을 지키는 자라야 나를 사랑하는 자니 나를 사랑하는 자는 내 아버지께 사랑을 받을 것이요 나도 그를 사랑하여 그에게 나를 나타내리라 … 사람이 나를 사랑하면 내 말을 지키리니 내 아버지께서 그를 사랑하실 것이요 우리가 그에게 가서 거처를 그와 함께하리라"(요 14:21,23).

자기의 방법대로 자유를 꿈꾸는 자가 자유인이 아니라 하나님께서 찾아가신 사람, 그분을 마음 안에 모신 사람, 이런 사람들이야말로 자유인이다. 살인자, 술고래, 마약중독자 그리고 자살하는 사람은 그리스도의 계명에서 자유로울지 몰라도 실상은 마귀에게 노예가 된 사람이다. 바울의 교훈과 그리스도인들의 경험에 의하면, 그리스도인은 사탄의 속박에서 자유를 얻어 주 예수 그리스도의 행복한 종이 된다. 하인이지만 주인보다 오히려 더 행복한 사람들이 있는 경우를 나는 많이 보았다. 주방의 싱크대에서 섬기는 가장 미천한 하인이 길 맞은편에 사는 비그리스도인 장원(莊園)의 주인보다 더 행복하고 자유로운 것이 하나님의 나라에서는 얼마든지 가능하다.

법을 따를 때에야 자유를 누리게 된다

나는 내가 그리스도인인 것에 대해 이러쿵저러쿵 변명하지 않는다. 과거의 한때 나는 교육 수준이 아주 높은 사람들을 올려다보면서 이런 생각을 해보았다.

'저 사람들은 배운 게 정말 많구나. 내가 저 사람들만큼 지식을 쌓으면 성경을 믿지 못하게 될까? 저 사람들처럼 많이 알면 내 믿음을 버리게 될까? 저들이 알고 있는 것이 무엇인지 정말 궁금하다.'

이런 생각 때문에 내 나름대로 독서를 좀 해보고 깨달은 것은 그 누구도 어떤 것에 대해 충분히 알지 못한다는 것이다. 이제 나는 감히 말할 수 있다. 아무리 지식이 많은 사람도 하나님의 책인 성경에서 한 단어도 무효화하지 못하며, 한 문장의 오류도 입증하지 못한다고 말이다!

산에서 제시된 본을 따르기를 힘써라. 그것이 참된 자유의 길이다. 사람들의 말을 따르면 잘못된 길로 가게 된다. 하나님의 말씀을 고치고 그 말씀의 진리를 바꾸고 수정해야 한다고 믿는 저 '말씀의 편집자들'에게 귀를 기울이면 오류의 늪에 빠져 결국 자신에게, 세상에게 그리고 마귀에게 속박 당하게 된다. 진정한 자유를 원하는가? 그것은 하나님의 법에 순종하는 것이다! 그리스도인은 그의 주님께 순종할 때 자유롭다. 세상의 그 누구보다도 자유롭다.

저쪽 하늘 높이 날아오르는 비행기는 중력의 법칙과 항공역학의 법칙에 따르기 때문에 날아오를 수 있다. 나는 비행기를 타고 여행할 때 다른 할 일이 없으면 때때로 다양한 엔진들에 대한 설명을 읽곤 한다. 내가 읽어본 바에 따르면, 저 거대한 비행기의 그 많은 부품 중에서 이유 없이 들어간 것은 하나도 없다. 그것들은 전능하신 하나님께서 물질의 세계에 심어놓으신 법칙에 따르기 위해 비행기의 부품으로 들어가 있는 것이다. 만일 그분의 법칙에 어긋나는 부품이 들어가 있다면 비행기는 산이나 바다로 곤두박질할 것이다.

법을 따르면 자유를 얻고 법을 어기면 노예가 된다. 이 진리는 아름다움의 경우에도 적용되고, 저 하늘에서 반짝이는 별들에게도 적용된다. 당신이 산에서 주어진 본을 따르면 자유와 행복과 완전한 안식에 이를 것이기 때문에 당신의 잠재적 가능성을 전부 살릴 수 있을 것이다. 하지만 그 본을 따르기를 거부하거나, 따르는 데 실패하거나, 아예 하나님의 말씀을 인정하지 않는다면 어쩔 수 없는 속박의 굴레에 빠지게 될 것이다.

하나님의 말씀! 이것을 사랑하고, 이것 안에서 살고, 이것을 먹고 마시고, 이것 위에 눕고, 이것 위에서 걷고, 이것 위에 서고, 이것으로 서약하고, 이것에 의해 살고, 이것 안에서 안식하자. 하나님의 책은 바로 그런 것이다. 그분은 "너는 삼가 이 산에서 네게 보인 양식대로 할지니라"(출 25:40)라고 분명히 말씀하셨다. 당신의 삶을 깨끗게 하여 그분의 뜻에 부합하는 삶을 살아라.

모세가 그의 일꾼 중 어떤 이들이 일하는 것을 보고 그들에게 "저기에 있는 저것은 무엇이냐?"라고 물었는데 그들이 "새로운 아이디어가 떠올라서 즉흥적으로 고쳤습니다"라고 대답했다면 어떤 반응을 보였을까? 틀림없이 그들을 꾸짖으며 "당장 떼내어서 태워버려라. 하나님이 산에서 보여주신 본에 철저히 따르라"라고 말했을 것이다. 만일 모세나 바울, 또 다른 성경의 성도가 오늘날 살아 있어서 보통 교회들을 둘러본다면, 어리석은 교인들이 성경의 본을 따르지 않고 자기 멋대로 뜯어고친 것들을 보게 될 것이다.

하나님의 말씀대로 행하여 그분께 순종하겠다고 굳게 결심하고 그분의 말씀을 믿고 굳게 붙들자. 우리는 행함 대신에 믿음을 추구하거나 반대로 믿음 대신에 행함을 추구하는 잘못을 범해서는 안 된다. 믿음과 행함을 혼동하면 안 된다. 믿어야 할 것은 믿고, 행해야 할 것은 행하자.

옛날에 어떤 사람이 지혜로운 성도에게 "성경을 읽는 것과 기도하는 것 중에서 어느 것이 더 중요합니까?"라고 물었다. 이 성도는 잠시 생각해본 다음 "새의 오른쪽 날개와 왼쪽 날개 중 어느 것이 더 중요합니까?"라고 되물었다고 한다. 나도 이런 식으로 묻고 싶다. 믿는 것과 순종하는 것 중 어떤 것이 그리스도인에게 더 중요할까?

하늘을 가르며 날아가는 참새에게 두 날개는 똑같이 중요하다. 어느 한쪽 날개만 있다면 나는 것은 거의 불가능해진다. 우리는 하나님의 말씀을 믿어야 하고, 또 그 말씀에 따라 순종해야 한다. 믿음과 순종의 두 날개를 사용해 그분께 날아오르자.

가장 진실한 그리스도인이 가장 자유로운 그리스도인이다.

예수 그리스도의 복음은 노예를 해방시킨다. 그러나 사람들은 "내가 그리스도인들을 겪어본 바에 따르면, 그들은 이상적(理想的)인 사람이 못 됩니다"라고 말한다. 이런 말이 나오는 이유는 하나님과 함께 끝까지 동행할 각오가 된 그리스도인이 거의 없기 때문이다. 어느 정도까지만 가다가 그 후에는 자기의 뜻대로 행한다. 주님을 따르다가 어떤 부분에서 조금 힘들어지면 "이것에 대해 내가 완벽해질 필요가 있나? 그래봤자 광신자라는 말 밖에 더 듣겠나? 내 머리로 이것을 해결하면 되는 거야"라고 말하고 공개토론회를 연다. 주께서 들려주기 원하셨던 말씀을 들어야 했지만 그럴 기회를 차버린 것이다. 그러다 보니 미지근한 신앙생활을 이어가게 된다. 이런 사람들에게 하나님은 "네가 이같이 미지근하여 뜨겁지도 아니하고 차지도 아니하니 내 입에서 너를 토하여 버리리라"(계 3:16)라고 말씀하신다.

이제 하나님의 책으로 돌아가자. 앞으로 나아가 그분의 책에 도달하자. 우리가 이 책에서 너무 뒤처져 있다. 이 책에 대해 그분께 감사하자. 모든 것을 산에서 제시된 본에 따라 행하도록 노력하자. 당신의 믿음이 그분의 계시에 부합하도록 힘써라. 당신의 발걸음이 그분의 길에서 떠나지 않도록 조심하라. 그러면 그분이 당신의 원수에게 원수가 되실 것이고, 당신의 대적자(對敵者)에게 대적자가 되실 것이며, 당신을 돌보아 주실 것이다.

참되고 순수한 자유는 하나님의 임재에서 발견된다. 그분의 말씀이 우리를 위해 제시하는 본을 따르면 그분의 임재를 맛보아 결국 이런 자유에 이르게 된다. 모든 세대는 '새로운 것'(something new)을 추구하지만, 사실 그들은 '다른 것'(something other)을 추구하는 것이다. 모든 세대가 찾고 갈망하는 것은 사실 하나님의 임재인데, 단지 그들이 이 사실을 깨닫지 못하고 있을 뿐이다.

하나님의 아들들은 복이 있나니
예수의 피로 사신 바 되었도다.
속량 받아 죽음에서 벗어났으니
영생이 그들의 것이 되리라.
우리도 그들의 무리에 속하기를 바라노라.
여기에서, 또 영원히.

그들은 은혜로 의를 얻었으니

진정한 평안을 누리도다.

그들의 모든 죄가 씻김 받았으니

하나님의 큰 날에 넘어지지 않을 것이라.

우리도 그들의 무리에 속하기를 바라노라.

여기에서, 또 영원히.

그들은 중보자의 피를 통해

하나님과 교제하도다.

예수님을 통해 하나님과 하나가 되었으니

그들 안에서 영광이 시작되었도다.

우리도 그들의 무리에 속하기를 바라노라.

여기에서, 또 영원히.

_조셉 험프리즈(Joseph Humphreys)

〈하나님의 아들들은 복이 있나니〉

하나님 마음의 청사진을 보이시다

"그리스도께서는 장래 좋은 일의 대제사장으로 오사 손으로 짓지 아니한 것 곧 이 창조에 속하지 아니한 더 크고 온전한 장막으로 말미암아 염소와 송아지의 피로 하지 아니하고 오직 자기의 피로 영원한 속죄를 이루사 단번에 성소에 들어가셨느니라 염소와 황소의 피와 및 암송아지의 재를 부정한 자에게 뿌려 그 육체를 정결하게 하여 거룩하게 하거든 하물며 영원하신 성령으로 말미암아 흠 없는 자기를 하나님께 드린 그리스도의 피가 어찌 너희 양심을 죽은 행실에서 깨끗하게 하고 살아 계신 하나님을 섬기게 하지 못하겠느냐"(히 9:11-14).

구원의 온전한 목적은 하나님이 우리의 임재를 즐거워하시는 것이고, 또한 우리가 의식할 수 있게 나타나는 하나님의 분명한 임재를 즐거워하는 것이다. 우리가 그분의 의식적 임재를 즐기고 있다면 구원의 근본적 목적을 성취하고 있는 것이다. 속량의 목적은 우리가 하나님과 올바른 관계를 맺는 것이다. 그리고 이 올바른 관계는 결국 우리와 그분 사이에 의식적 사귐이 있도록 하는 데 필요하다.

하나님의 피조세계의 그 어떤 다른 존재들과 달리 인간은 그분을 경험하도록 창조되었다. 그분을 알고 그분과 깊은 교제를 나누는 일에 실패한다면 우리의 근본적 목적을 부정하는 것이 된다. 인간이 타락하기 전에 하나님이 저녁의 서늘한 시간에 에덴동산에 내려오신 것은 새나 사슴이나 꽃들과 교제하시기 위함이 아니었다. 아담과 하와와 더불어 교제를 나누기 위해 내려오셨던 것이다!

성경에는 다른 진리들의 기초가 되는 기본적 진리들이 몇 가지 나온다. 이 기본적 진리들을 이해하지 못하면 다른 진리들을 왜곡된 의미로 해석하게 된다. 그렇게 되면 이 진리들은 우리의 삶에 아무런 도움을 줄 수 없다. 어떤 진리도 홀로 설 수 없기 때문에 모든 진리는 하나님 말씀의 다른 진리들과의 관계 속에 서야 한다. 하나의 진리를 다른 진리에게서 떼어놓고 생각하면 이단이 시작된다. 그러나 하나님 말씀의 기본적이고 근원적인 진리들을 이해하면 성경의 나머지 교훈도 모두 이해하게 될 것이다. 그중 하나가 하나님의 창조 목적이 우리가 그분을 알고 그분과 함께 살며 영원히 그분을 즐거워하는 것이라는 진리이다!

그러나 인류는 반역의 죄를 범했다. 성경의 교훈에 의하면, 인간은 그분과의 관계를 끊고 그분에게서 멀리 떠났다. 그러므로 이제 그분과 인류는 서로 모르는 사이가 되었다. 그분을 사랑하고 신뢰하고 그분의 임재를 즐기는 것이 우리에게 더 이상 가능하지 않게 되었다.

회복을 주시는 그리스도의 속량하심

다시 말하지만, 인간이 하나님을 알고 그분을 영원히 즐거워하는 것이 그분의 창조 목적이라는 것은 성경이 말하는 진리 중 하나다. 그런데 그분의 창조 목적이 인간의 반역 때문에 변경될 수는 없기에, 창세기부터 요한계시록까지 속량의 역사(歷史)가 전개된다. 이 속량의 역사 전개를 가리켜 어떤 사람은 "'빨간 실'(red thread)이 성경의 첫 쪽부터 마지막 쪽까지 관통한다"라는 적절한 비유를 사용했다. 요한계시록은 이에 대해 우리에게 설명한다.

"죽임을 당한 어린양의 생명책에 창세 이후로 이름이 기록되지 못하고 이 땅에 사는 자들은 다 그 짐승에게 경배하리라"(계 13:8).

우리는 인간이 창조되기 전에, 하나님을 향한 인간의 반역이 시작되기 전에 속량이 시작되었다는 큰 진리를 깊이 묵상해야 한다.

속량은 하나님과의 깊은 교제를 회복시켜 주는데, 이 교제에는 확실한 열매가 따른다. 내가 하나의 인격체이고 하나님도 하나의 인격체이시기 때문에 그분과 나 사이에는 인격적 교류가 가능하다는 것이 내 확신이다. 사랑과 믿음과 대화와 질문과 대답을 통해 두 인격체가 상호 교류하는 것이다. 혹여 당신은 당신의 믿음에 대한 하나님의 반응을 전혀 경험하지 못한 채 입으로만 "나는 믿는다"라고 말하면서 근엄하고 무뚝뚝하고 모질고 차가운 삶을 살아가는가? 그런 삶은 당신에게 큰 믿음이 있음을 보여주는 증거가 아니다. 그분이 우리의 신앙에 대해 보이시는 반응이 우리의 삶 속에서 나타나야 한다.

우리가 보이는 것으로 행하지 않고 믿음으로 행하는 때가 있다는 걸 나는 잘 안다. 하나님께서 그분의 깊고 선한 뜻에 따라 그분의 얼굴을 우리에게 잠시 숨기실 때에는 우리가 보이는 것으로 행하지 않고 믿음으로 행해야 한다. 그러나 또한 우리는 "내가 넘치는 진노로 내 얼굴을 네게서 잠시 가렸으나 영원한 자비로 너를 긍휼히 여기리라"(사 54:8)라는 그분의 말씀을 기억해야 한다.

우리는 그분의 임재를 회복해야 한다. 그분 앞에서 사는 법, 즉 그분의 분명한 임재를 맛보며 사는 법을 배워야 한다.

하나님 앞에 사는 삶

부흥과 부흥이 아닌 여타의 영적 상태를 구분하는 기준은 교회가 하나님의 분명한 임재를 아느냐 그렇지 못하느냐이다. 하나님께서 어떤 도시의 최악의 교회와도 함께하신다는 것을 우리가 이해하기는 힘들지만, 분명히 그분은 그런 교회에도 함께하신다. 왜냐하면 시편 기자가 "내가 주의 영을 떠나 어디로 가며 주의 앞에서 어디로 피하리이까 내가 … 스올에 내 자리를 펼지라도 거기 계시니이다"(시 139:7,8)라고 말하기 때문이다.

부흥과 부흥이 아닌 여타의 영적 상태를 구분하는 기준은 하나님의 나타나심과 관련된다. 교회의 영적 상태가 좋지 않을수록 그분의 나타나심이 줄어들고, 교회의 영적 상태가 좋을수록 그분의 나타남이 많아진다. 그러므로 그분을 예배하기 위해 모일 때 그분의 영광스런 나타남을 체험하는 것이 우리의 목표가 되어야 한다.

교회들마다 나름대로의 분위기가 있는데, 이것은 그 교회에 들어설 때 느껴진다. 어떤 교회들에서는 스테인드글라스 창문과 아름다운 음악과 심지어 목사의 낭랑한 목소리가 어우러져 임재의 느낌을 준다. 하지만 이런 느낌을 갖는다 해도 반드시 하나님의 임재를 의식하게 되는 것은 아니다. 오히려 많은 경우에 있어 이런 분위기는 그분의 진정한 임재를 체험하지 못하게 한다.

주일 아침에 교회에 가서 교회의 분위기에 흠뻑 젖은 후 아주 기분 좋게 교회 문을 나서지만 하나님의 분명한 임재를 체험하지 못하는 사람이 얼마나 많을까?

자유주의 교회들은 언제나 "시간을 내어 하늘에 계신 하나님께 인사드리고 이 세상이 그분의 세계임을 찬양한다면 얼마나 좋습니까! 모든 별이 그분에 대해 노래하고 미나리아재비

(미나리아재빗과의 여러해살이풀)가 그분에 대해 이야기하니 얼마나 감사한 일입니까!"라고 말한다. 이런 말을 들으면 기분이 좋아지고 힘이 나는 것 같다. 그러나 하나님께서 기뻐 받으시는 희생제사를 통해 그분과 우리 사이에 화목이 이루어지지 않는다면 그분과 우리는 원수 사이일 뿐이다.

내가 지적해 왔듯이, 본래 인간에게 가장 자연스러운 것은 하나님과 관계를 맺는 것이다. 모든 면에서 힘을 주는 깊은 관계 말이다. 그러나 그분을 향한 인간의 반역이 이 관계를 파괴했다.

그렇다면 하나님은 이런 잘못된 것을 어떻게 바로 잡으시는가? 우선 그분은 우리가 '속량'이라고 부르는 일을 행하셨다. 속량의 첫째 목적은 인간과 그분 사이에 화목을 이루는 것이다. 속량은 본래 우리에게 적당한 자리를 우리에게 돌려주는 것이다. 우리가 그런 자리에 있도록 지음 받았기 때문이다.

이것에 대한 좋은 예가 가인과 아벨에게서 발견된다. 가인은 악인이고 아벨은 선인이라는 생각은 잘못된 것이다. 사실, 이 두 사람 모두 악인이었다. 다만 아벨은 자기가 악하다는 것을 알았고, 가인은 자기가 악하다는 사실을 부정하고 선인처럼 행동했다. 만일 가인이 지금 이 땅에 산다면 대부분의 자유주의 교회들과 같은 사상을 가졌을 것이다. 그는 하나님과의 관계에 대해 경박한 태도를 취했다. 반면, 아벨은 겸손한 마음으로 제물을 가지고 그분께 나아가 그분을 우러러보며 "오, 하나님! 저는 당신께 나올 자격이 없는 사람입니다"라고 고백했다.

아벨이 하나님을 기쁘게 해드릴 수 있었던 것은 그가 선인이었기 때문이 아니다. 다시 말하지만, 그는 결코 선인이 아니었다. 그는 거룩한 하나님 앞에서 스스로 악인의 자리에 섰을 뿐이다. 한편, 가인이 그분을 기쁘게 해드리지 못한 것은 아벨보다 악했기 때문이 아니라, 본질적으로 완전히 잘못되어 있으면서도 아무 문제가 없다고 착각했기 때문이다. 아벨이나 가인 모두 같은 부모에게서 태어난 죄인들이었다. 이제 아벨과 가인의 차이점이 무엇인지 이해되는가?

하나님은 우리를 만나려는 계획을 갖고 계시다

하나님께서 우리와 올바른 관계를 맺기 원하시는 것은 우리와 교제를 누리고자 하시기 때문이다. 만일 사도 바울이 오늘날 살아 있어서 어느 도시에서 설교를 한다면 금방 도시 밖으로 쫓겨날 것이다. 왜냐하면 "당신들은 죄인이며 세상에서 소망도 하나님도 없는 사람들입니다. 불순종의 영이 당신들 안에서 일하고 있습니다"라는 메시지를 전할 것이기 때문이다. 이것은 현대의 사람들이 듣고 싶어 하는 메시지가 아니다. 그러나 자신이 세상에서 소망도, 하나님도 없이 살고 있는 죄인이며, 자기 안에서 불순종의 영이 일하고 있다는 것을 깨닫지 못하는 사람은 인간을 만나시려는 그분의 계획을 이해할 수 없다.

회심하여 그리스도께 돌아오기 전에는 누구든지 인간과 교제를 나누시려는 하나님의 계획 밖에 머물게 된다. 사람들은 소망 없이 구원의 울타리 밖에서 죄인으로 살아간다. 돈을 벌고 돈을 쓰고, 시집가고 장가가고, 집을 짓고 나무를 심고, 씨를 뿌리고 추수하고, 옛것을 부수고 새것을 세우고, 자기 같은 인간을 낳고 살다가 결국 죽는다. 자기의 유익을 위해 편의상 하나님의 이름을 입에 올리거나 정치 연설을 할 때 외에는 그분에 대해 큰 관심 없이 평생 살아간다. 하나님은 이런 인간을 자신에게 돌이켜 함께 교제를 나누고자 하는 계획을 갖고 계시다.

이것을 이해하려면 다시 구약으로 돌아가야 한다. 우리를 만나시려는 하나님의 아름다운 그림이 구약에 나온다. 그런데 구약에서 거듭 지적되는 문제는 하나님의 본질 때문에, 또 인간의 본질 때문에 그분과 인간 사이의 만남이 불가능하다는 것이다. 하지만 또한 구약은 그분이 우리를 만나시고 우리가 그분을 만나 영원히 그분을 즐거워할 수 있는 길을 그분이 주도적으로 준비하셨다고 증언한다.

성막에 나타난 하나님의 계획

그분의 이런 계획은 구약의 성막에 잘 나타난다. 성막은 우리가 그분의 세계로 들어갈 수 있도록 그분이 우리의 세계로 들어오기 원하신다는 것을 아주 아름답게 설명해준다. 성막은 직사각형 모양으로 생겼고, 아카시아 나무로 만든 벽이 있었으며, 지붕으로 덮여 있었는데 그것의 일부는 동물의 가죽으로 만들어졌다.

이런 구약의 성막에서 우리는 하나님께서 그분의 목적을 이루기 위해 얼마나 세심하게 계획을 세우셨는지 보게 된다. 그분의 목적은 우리와 교제를 나누는 것이다.

그렇다면 이제 이 놀라운 사실을 설명해주는 구약의 성막에 대해 몇 가지 살펴보자.

1. 바깥뜰

구약의 성막을 볼 때 제일 먼저 눈길을 사로잡는 것은 바깥뜰이다. 이것은 넓은 의미의 성막 바깥에 있었고, 종종 '이방인의 뜰'이라고 불렸다. 이방인의 뜰까지만 오는 사람들은 종교에는 관심이 있지만 하나님과 거리를 두는 사람들이다. 이들은 종교가 주는 유익들을 얻기 위해 종교와 관계를 맺기 원하지만, 종교 때문에 불편해지는 것은 원치 않는다. 이방인의 뜰까지만 오는 사람들은 하나님의 임재가 나타나는 더 깊은 곳으로 들어가기 위한 대가 치르기를 거부한다.

오늘날 이런 사람들은 아주 많다. 이들은 아기가 태어나 세례를 받거나, 누군가 결혼을 하거나, 아니면 누군가 죽었을 때에만 교회에 간다. 그렇기 때문에 누군가 "사람들은 평생 세 번 교회에 간다"라고 아주 냉소적으로 꼬집었다. 세례식 때에는 물을 뿌리고, 결혼식 때에는 쌀을 뿌리고, 장례식 때에는 흙을 뿌린다. 오늘날 대부분의 사람이 이 부류에 속하는 것 같다.

정리해서 말할 것 같으면, 바깥뜰은 종교와 대충 관계를 맺지만 종교와 함께 끝까지 가는 것은 거부하는 사람들을 상징한다.

2. 안뜰

바깥뜰 다음에 살펴보아야 할 것은 안뜰이다. 안뜰에서 사람들이 찾는 곳은 제단과 물두멍, 두 군데였다. 제단은 놋으로 만들어졌지만 보기에 좋지는 않았다. 이것은 뚜껑이 없는 일종의 화로인데, 아랫부분에는 불을 집어넣을 수 있는 화상(火床)이 있었다. 제단에 짐승을 올려놓고 화상에 불을 집어넣으면 짐승이 타면서 거센 연기가 위로 솟아올랐다. 제단이란 그런 곳이었다. 사람들이 제물로 가져온 어린양, 짐승, 붉은 암송아지 및 각종 생물이 드려졌다. 내가 볼 때, 성막의 이 부분은 그리 유쾌한 장소가 아니었고, 제사장의 일도 그리 유쾌한 일이 아니었다.

어떤 이들은 종교가 매우 아름답고 달콤하고 화려한 것이라고 말하고 싶어 한다. 이런 이들은 종교를 그들 나름대로 풍류 있게 표현하는 독창성을 발휘한다. 종교가 아름답고 풍류 있는 것이라는 인상을 사람들에게 심어주기 위해 스테인드글라스 창문, 멋진 그림과 시(詩) 같은 것을 아주 많이 사용한다.

이런 사람들은 기독교를 '도축장 종교'라고 비난한다. 물론, 피가 흐르고 주변에 파리들이 날아들고 악취가 진동하다시피 하는 제단은 보기에 좋은 곳이 아니라 오히려 불쾌하고 섬뜩하고 혐오스런 곳이었음에 틀림없다. 예술가인 척하는 이런 사람들은 피가 흐르고 지저분한 제단을 거부한다. 그들은 종교라는 것이 어떤 희생제사 없이 아름답고 보기 좋고 긍정적이고 기분 좋게 해주는 것이어야 한다고 믿는다.

그러나 바로 여기에서 그들의 본질적 문제가 드러난다. 희생 없는 종교를 믿는 것이 그들의 문제이다! 희생 없는 종교는 사람들을 죄에서 구해주지 못하기 때문에 그들과 하나님 사이의 교제는 불가능해진다. 지금 많은 이들이 '십자가 없는 기독교'를 받아들이지만 이런 기독교는 사실 기독교가 아니다.

제단보다 더 끔찍한 곳이 있다. 바로 지옥이다. 하나님께서 기쁘게 받으시는 희생(예수 그리스도의 보혈)을 통해 속량 받지 못한 사람은 지옥에서 영원히 살아야 한다는 것이 성경의 가르침이다. 어떤 이들이 기독교를 예쁘고 깔끔하게 단장하고 설탕을 바르며 기독교에서 도축장적 요소를 제거하지만, 이것은 사실 기독교에서 십자가를 제거하는 것과 같다.

나는 십자가가 유쾌한 것이라고 결코 믿지 않는다. 예루살렘 언덕 밖에서 어떤 사람을 십자가에 못 박았다면 그것은 사람들에게 혐오감과 공포심을 불러일으켰을 것이다. 예수 그리스도께서 십자가에 못 박히신 사건을 미화하는 것은 불가능하다. 성막의 제단이 피가 흐르는 지저분한 곳이었듯이 예수 그리스도의 십자가 역시도 거의 모든 면에서 그랬다. 그러나 성막의 제단은 그리스도의 십자가의 예표(豫表)였기에, 하나님께 만족을 드리는 유일한 희생제사가 무엇인지를 보여주었다. 십자가가 흉하다고 해서 그것을 제거하면, 인간의 반역의 문제를 해결하신 하나님의 해결책을 무효로 만드는 것밖에 안 된다.

한편, 구약 성막의 안뜰에는 제단뿐만 아니라 물두멍도 있었다. 안뜰로 들어온 사람의 눈에 제일 먼저 들어오는 것이 제단이었는데, 제단에서는 제물이 드려졌고 어린양이 죽었다. 피가 흐르고 악취를 풍기는 제단을 지나면 물두멍이 나타났다. 물두멍에는 물이 채워져 있었기 때문에 모든 것을 씻을 수 있었다. 물두멍이 어떻게 생겼냐고 묻는다면, 나는 그것이 거대한 펀치 보울(punch bowl: 과일즙과 알코올을 섞어 만든 달콤한 음료를 담는 큰 용기)처럼 생겼다고 표현하고 싶다. 사람들은 물두멍에서 씻었는데, 이것은 하나님께서 "우선 너희는 십자가를 통해, 보혈을 통해, 제단을 통해, 물두멍을 통해, 죽은 어린양을 통해, 말씀의 물로 씻은 후에 내게 나와야 한다"라고 말씀하신다고 믿었기 때문이다.

성막의 안뜰이 척 보기에 아름답지 않았던 것은 사실이지만, 하나님 아들의 희생을 불가피하게 요구하는 인간 마음의 죄와 반역도 역시 보기에 아름다운 것은 아니다. 인간의 반역과 죄가 지극히 무서운 것이지만 그것을 해결하는 하나님의 방법은 완벽하다. 그 방법은 세상 죄를 지고 가신 하나님의 어린양의 희생이다.

3. 성소의 내부

안뜰을 지나면 성소가 나타난다. 성소 바로 앞까지는 누구라도 올 수 있었다. 하지만 성소의 전면에 쳐진 휘장을 젖히고 그 안으로 들어갈 수 있는 사람은 제사장뿐이었다. 경배자들은 제단과 물두멍이 있는 곳으로 들어왔고, 십자가와 정결을 거친 후 성소 안으로 들어갈 수 있었다. 사람이 거듭나지 못하면 하나님의 나라를 볼 수 없다. 회개하지 않으면 하나님의 나라, 즉 성소를 볼 수 없다. 하나님의 나라를 보는 것은 그들이 누릴 수 있는 특권이었다.

성소 안에는 세 가지가 있었다. 하나는 등잔대였는데, 그 위에서 등잔 일곱 개가 빛을 발하고 있었다. 두 번째 것은 진설병을 올려놓는 상(床)이었다. 세 번째 것은 분향단이었다.

이 세 가지가 무엇을 상징하는지를 아는 것은 그리 어렵지 않다. 먼저, 등잔대의 빛이 세상에 태어나는 모든 사람에게 비추는 성령의 빛을 의미한다는 해석에 모든 교회가 동의할 것이라고 나는 생각한다. 성령은 "내가 세상의 빛이다. 너희가 십자가를 통해 내게 와서 깨끗함을 얻으면 빛을 얻게 될 것이다"라고 말씀하신다.

이 작은 실물교육을 통해 그분이 들려주시는 교훈은 우리가 빛을 얻을 수 있다는 것이다. 세상의 빛은 예수 그리스도이시다. 등잔대에서 빛을 발하시는 일곱 영의 빛, 즉 성령의 빛은 그리스도의 빛을 우리의 것으로 만들어주신다.

둘째로, 성소 안에는 '진설병'이라고 불리는 떡이 있었다. 오, 그 임재의 떡! 얼마나 놀라운 것인가! 예수님이 눈에 보이지 않게 그곳에 계시며 그분의 백성에게 임재의 떡을 먹여주셨다. 요한복음 6장은 이것에 대해 전부 말해준다. 유대인들이 "우리의 조상들이 떡을 먹었다"라고 말했을 때 예수님은 "그들이 떡을 먹었지만 그 떡은 일시적인 것에 불과했다. 내가 온 것은 너희에게 떡을 주려 함인데 내 떡을 먹으면 결코 죽지 않을 것이다"라고 말씀하셨다. 그러자 그들이 "우리에게도 그 떡을 달라"라고 말했고, 예수님은 "내가 생명의 떡이다"라고 대답하셨다. 이 말씀을 듣고 많은 이들이 돌이켜 그분을 떠났다. 이 말씀을 받아들일 수 없었기 때문인데, 그들이 듣기에 이 말씀이 너무 독단적이었고 너무 지나쳤다.

만일 당시에 어떤 설교자가 "예수님이 떡이십니다"라고 설교했다면 사람들은 "우리가 저 형제를 사랑하지만 저런 소리를 하니 저를 없애버리자! 예수가 떡이라고 말하다니 너무 심한 것 아니냐?"라고 말했을 것이다. 그러나 구약성경의 비유와 예표에는 '예수님이 떡'이시라는 뜻이 내포되어 있고, 이것이 신약에서는 직설적으로 표현된 것뿐이다. 교회는 이런 직설적 표현을 하나의 상징이라고 해석하여 지난 2천 년 동안 사용해오고 있다. 그렇기 때문에 우리는 성찬식을 거행하며, 성령의 빛이 우리의 주변을 비추는 가운데 진설병을 먹는다.

성소에서 또 발견되는 것은 분향단이다. 분향단은 좋은 냄새가 나는 향을 놓고 태우는 곳이었다. 향을 태우면 성소라는 작은 공간에 향기가 가득 차게 된다. 향을 태우는 것이 기도를 상징한다니, 얼마나 아름다운 비유인가!

교회들은 기도의 향이 올라가는 분향단 같은 곳이 되어야 하며, 일곱 영이 비추어주시는 말씀의 빛으로 밝아진 곳이 되어야 한다. 또한 생명의 떡을 먹기 위해 모이는 곳이 되어야 한다. 생명의 떡의 중요성을 강조하는 성찬주일에만 모이는 것이 아니라 언제나, 주일마다 모이는 곳 말이다.

성소의 분향단에서는 하나님께 향기로운 냄새가 위로 올라갔다. 그분은 그 향기를 맡고 기뻐하셨고, 분향단에서 올라오는 기도 소리를 즐겨 들으셨다. 빛을 받은 사람들이 모여 있는 것은 그분이 보시기에 기분 좋은 광경이었다. 이런 분향단 같은 교회! 나는 바로 그런 교회에 관심이 있다.

희미한 빛, 곰팡내 나는 떡, 향기 없는 향에 신물나다

여기서 나는 중요한 이야기를 한 마디 하지 않을 수 없다. 이런 이야기는 많은 그리스도인에게 인기 없는 것이지만, 그래도 하지 않을 수 없다. 그것은 '교회는 오락을 위한 장소가 아니다'라는 것이다. 이 말이 무슨 말인지 설명해보자.

사람들을 교회로 불러 모으는 데 혈안이 된 오늘날의 교회들은 신문에 광고를 내서 세상 사람들에게 "교회로 와서 건전한 오락을 즐기십시오"라고 소리친다. 그리고 "세상에 있는 것이 교회에도 있습니다. 물론 교회의 것이 훨씬 더 건전합니다. 특히, 가족이 함께 즐기기에 참 좋습니다"라고 덧붙인다. "특히, 가족이 함께 즐기기에 참 좋습니다"라는 말은 나 같은 사람에게 '울고 싶은 데 뺨 맞는 격'이다.

나는 모든 오락을 반대하는 것이 아니라, 세상 사람들을 불러 모으려고 교회가 오락을 사용하는 것에 반대하는 것이다. 교회가 세상과 어깨동무를 한다면 어떻게 세상과 싸울 수 있겠는가?

내가 성경과 교회사와 기독교 전기를 읽어본 바에 의하면, 교회 안에는 세상의 마음을 빼앗을 만한 것이 없으며, 세상 안에는 예수 그리스도의 진정한 교회의 마음을 빼앗을 만한 것이 없다! 교회의 역사 속에서 발견되는 모든 부흥은 교회가 주변 세상과 완전히 반대 입장에 섰을 때 일어났다.

우리의 예배는 거룩하지 못한 사람들이 불편해 할 정도로 거룩해야 하고, 하나님의 임재의 느낌으로 충만해야 한다. 하지만 우리는 현재 거꾸로 되어 있다. 우리의 도시에서 가장 거룩하지 못한 사람이 교회 안으로 들어와도 전혀 불편해 하지 않는다.

사람들이 예배 참석을 위해 교회로 올 때에는 오락을 기대하는 것이 아니라 하나님의 임재의 거룩한 나타남을 기대하며 찾아올 정도가 되어야 한다. 교회의 영성이 이 정도 수준에 이르면 다음과 같은 현상이 일어날 것이다.

우선, 육신적이고 무늬만 그리스도인인 사람들은 모두 비명을 지르며 가장 가까운 출구를 통해 교회를 떠날 것이다. 교회 출석인원이 급격히 줄고 헌금액수는 거의 바닥으로 떨어질 것이다. 많은 교회들은 이런 대가를 치르기 원하지 않는다. 그렇지만 그 다음에는 하나님을 향해 끝없는 갈증과 굶주림을 느끼는 사람들이 교회로 몰려들기 시작할 것이다. 그들은 세상의 진부한 연예오락에 신물이 났기 때문에 시냇물 찾기를 갈망하는 사슴처럼 하나님을 체험하길 갈망할 것이다.

나는 하나님의 백성이 참된 영적 양식에 굶주려 있다고 생각한다. 이런 내 생각이 틀릴 수도 있겠지만, 그렇지는 않다고 여겨진다. 하나님의 백성은 인공적인 빛, 곰팡내 심한 떡 그리고 향기 없는 향에 신물이 났다. 세상에서 가져온 싸구려 모조품에 질렸다. 그들은 하나님의 참된 임재를 갈망한다.

한 가지 작은 설명을 덧붙이자면, 교회와 하나님의 나라가 우리에게 주어졌는데, 하나님 나라의 순례자는 교회 불빛의 인도를 받고, 신앙의 자녀들은 교회의 영적 양식을 먹으며, 제사장은 교회에서 기도할 수 있다. 어떤 빛이든 빛이 없다면, 희미한 빛마저 없다면 밤은 너무 깜깜해서 두려움을 일으킨다. 예수님은 "밤이 오리니 그때는 아무도 일할 수 없느니라"(요 9:4)라고 말씀하셨다. 신약성경은 세상의 도덕적, 영적 상태가 밤처럼 어둡다고 말한다. 영적 순례자에게 절대적으로 필요한 것은 빛이다.

교회는 빛을 비춘다. 이런 교회를 위해서라면 나는 내 모든 것을 바치겠다. 이런 교회가 지금 세상에 다시 세워질 수 있다면, 교회들이 생명의 빛을 비출 수 있다면 나는 조금도 망설임 없이 내 피라도 뽑아줄 것이다. 얼마든지 그렇게 할 것이며, 그것에 대해 자랑하지도 않을 것이다. 내 친구들도 그렇게 할 것이다. 교회가 깨끗하고 정결케 되어, 교회 안에 들어서면 빛 가운데로 들어왔다는 느낌을 주고, 영혼의 떡을 제공하며, 하나님께서 듣고 응답하시는 기도를 드리는 교회, 이런 교회를 다시 세울 수 있다면 기꺼이 그렇게 하겠다. 이런 교회가 진짜 교회가 아니겠는가!

이런 믿음에 온전히 충실하면서 하나님의 분명한 임재를 즐기는 사람들의 모임이 교회이기에 나는 교회를 사랑한다.

주님, 당신의 나라를 사랑합니다.

당신의 나라는

당신이 거하시는 집이요,

우리의 거룩한 구속자께서

보혈로 구원하신 교회입니다.

오, 하나님! 당신의 교회를 사랑합니다.

교회의 담장이 당신 앞에 서 있으니,

당신의 손에 들린 보석처럼 귀하여

당신의 손에 새겨졌습니다.

교회를 위해 내 눈물이 뿌려질 것이고,

교회를 위해 내 기도가 올라갈 것입니다.

내 마음과 수고가 다할 때까지

내 마음과 수고를 교회에 쏟겠습니다.

교회가 행하는 거룩한 것들을

내 최고의 기쁨보다 더 귀하게 여깁니다.

지극히 감미로운 성찬, 엄숙한 서약,

사랑과 찬양의 거룩한 노래들을 사랑합니다.

이 세상의 가장 밝은 영광과

천국의 가장 아름다운 지복(至福)이
시온에게 바쳐질 것입니다.
당신의 진리가 서 있는 한,
그러겠습니다.

_티모시 드와이트(Timothy Dwight)

〈주님, 당신의 나라를 사랑합니다〉

07

두 개의 휘장

"그러므로 형제들아 우리가 예수의 피를 힘입어 성소에 들어갈 담력을 얻었나니 그 길은 우리를 위하여 휘장 가운데로 열어 놓으신 새로운 살 길이요 휘장은 곧 그의 육체니라 또 하나님의 집 다스리는 큰 제사장이 계시매 우리가 마음에 뿌림을 받아 악한 양심으로부터 벗어나고 몸은 맑은 물로 씻음을 받았으니 참 마음과 온전한 믿음으로 하나님께 나아가자"(히 10:19-22).

판에 박힌 종교생활을 버리고 하나님의 임재를 처음으로 체험하게 된 그리스도인이라면 다시는 과거로 돌아가기를 원하지 않을 것이다. 이런 사람은 온전한 만족을 주는 것을 찾았기에 주변의 자질구레한 것들이나 이 세상에 더 이상 끌리지 않는다.

이 아름다운 사실을 아주 잘 설명해주는 성경의 좋은 예는 구약의 성막이다. 히브리서는 구약의 성막에 상응하는 것이 신약에서 어떻게 나타나는지를 보여주기 위해 친절한 설명을 아끼지 않는다.

휘장이 찢어지다

구약의 성막은 두 개의 방으로 구분되어 있었다. 첫 번째 방인 '성소'에는 등잔대와 진설병이 있었다. 이 첫 번째 방과 두 번째 방 사이에는 두 방을 나누는 휘장이 있었고, 이 휘장 뒤에는 지성소가 있었다. 지성소는 영어로 '홀리스트 오브 올'(holiest of all) 또는 '홀리 오브 홀리즈'(holy of holies)라고 불리며, 라틴어로는 '상크툼 상크토룸'(sanctum sanctorum)이라고 불린다.

구약 시대에 제사장은 바깥뜰과 성소까지 들어갈 수 있었고, 지성소에는 들어갈 수 없었다. 오직 한 사람만 1년에 딱 한 번 지성소에 들어갈 수 있었는데, 그는 피를 가지고 들어가

불이 타고 있는 시은좌(施恩座)에 그 피를 뿌렸다. 성경의 교훈에 의하면, 예수님의 죽음은 그분의 육체를 찢은 것으로, 이것은 지성소에 들어가지 못하도록 막았던 휘장을 찢어버렸다. 그래서 이제 하나님의 백성이라면 누구든지 그분 앞으로 나아갈 수 있게 되었다.

내가 무엇보다도 강조하고 싶은 것은 이 지성소가 '누군가 계신 곳'이었다는 것이다. 지성소 안에는 조각목으로 만든 궤가 있었다. 제작자들은 이 궤의 안팎을 순금으로 입혔다. 그리고 이 궤 위에 역시 순금으로 만든 덮개를 얹었고, 이 덮개의 둘레에 깃을 달았으며, 미적 감각을 살리기 위해 덮개의 네 귀퉁이가 약간 튀어나오도록 했다.

이 덮개 위에는 순금으로 만든 그룹들(거룩한 생물들)의 형상이 있었다. 그룹들은 날개를 폈는데 그 날개들의 끝이 서로 닿았고, 그 사이에서 경이롭고 거룩한 불이 타고 있었다. 이 불을 가리켜 현인들은 '임재하는 분' 또는 '얼굴'을 뜻하는 '쉐키나'라고 불렀다. 이 임재하는 분이 하나님이셨다. 이 분이 지성소 안에 계셨기 때문에 일반 사람들이 함부로 지성소 안으로 들어가거나 그 불을 보아서는 안 되었다.

그래서 일반 제사장들은 그곳에 들어갈 수 없었고, 오직 대제사장만 들어갈 수 있었다. 1년에 한 번 그곳에 들어간 대제사장은 피를 담은 그릇을 손에 들고 얼굴을 돌린 채 그 거룩한 임재를 향해 "오, 임재하는 분이시여! 저는 죽어야 마땅한 자입니다. 오, 쉐키나! 오, 하나님! 저는 죽어야 마땅한 자이지만, 다른 존재가 저를 대신해 죽었음을 말해주는 이 증거의 피를 가지고 왔습니다"라고 말했다.

이것이 내가 강조하고 싶은 거룩한 임재이다. 여기서 우리는 그토록 많은 그리스도인이 왜 그 임재를 체험하지 못하는지를 알게 된다. 최근에 내가 다시금 확인해보니, '임재'와 '얼굴'로 번역된 구약의 단어들은 동일한 단어였다. 여기서 '얼굴'은 물론 '하나님의 얼굴'이다. 다윗은 시편에서 "주의 앞에는 충만한 기쁨이 있고"(시 16:11)라고 말한다. 하나님을 예배(경배)하는 사람이 그분 앞에 나아가기를 고대하다가 그분 앞에 이르면 기쁨을 이기지 못한다는 것이 시편의 여러 곳에서 발견되는데, 이런 사람은 그분의 얼굴에 대해 언급한다. 한 가지 예를 들어보자.

"너희는 내 얼굴을 찾으라 하실 때에 내가 마음으로 주께 말하되 여호와여 내가 주의 얼굴을 찾으리이다 하였나이다"(시 27:8).

이 구절의 '얼굴'과 동일한 단어가 '임재'이다. 그러므로 시편 16편 11절과 시편 27편 8절을 결합해서 생각하면, "주의 앞에는, 즉 주의 임재에는 충만한 기쁨이 있나이다. 여호와여, 제가 주의 임재를 구하겠나이다. '너희는 내 얼굴을 찾으라' 하실 때에 내가 마음으로 주께 말하되 '여호와여 내가 주의 얼굴, 즉 주의 임재를 찾으리이다' 하였나이다"라는 뜻으로 이해할 수 있다. 다시 말하지만, '얼굴'과 '임재'는 동일한 단어이다.

내가 여기서 말하고 싶은 것은 '눈에 보이지 않는 임재'가 있다는 것이다. 이 임재는 물론 거룩한 분, 우리 가운데 계신 하나님을 말한다. 그분의 임재가 신학에서는 '하나님의 내재성(內在性)'이라는 교리로 다루어진다. 이 교리에 의하면, 구약시대에 그룹들의 날개 사이에 거하셨던 이 거룩한 임재가 이제는 그분의 피조물이 있는 곳이라면 어디든 계시다.

그런데 '임재'와 '임재의 나타남' 사이에는 차이가 있다. '사람의 임재'와 '사람의 얼굴' 사이에 미묘한 차이가 있는 것과 같은 이치이다. 이 둘이 동일한 단어이고 동일한 의미를 갖지만, 그렇다고 완전히 동일한 의미인 것은 아니다.

만일 어떤 사람이 당신의 방으로 들어왔지만 당신에게 등을 돌리고 있었다면, "그가 내 앞에 30분 동안 있었다" 또는 "내가 30분간 그와 함께 있었다"라고 말해도 틀린 말은 아니다. 그러나 등을 돌리고 있는 사람과 교제를 많이 나눌 수는 없는 법이다. 그 사람이 몸을 돌려 나와 얼굴을 마주 볼 때 비로소 교제가 시작된다. 그와 마찬가지로, 하나님께서 임재하시는 것과 그분의 얼굴이 그분의 사람들에게 드러나는 것 사이에는 차이가 있다.

이스라엘 사람들은 하나님께서 그들 가운데 계신 것을 알았다. 그러나 그분의 얼굴을 볼 수 있는 때는 대제사장이 1년에 한 번 피를 가지고 지성소에 들어갔을 때였다. 대제사장은 그분의 얼굴을 뵌 후 지성소에서 나와 휘장을 쳤다. 휘장을 칠 때에는 몇 사람이 필요했다. 휘장이 거기에 있었던 것은 하나님의 얼굴을 볼 자격이 없는 자들이 그분의 얼굴을 보지 못하도록 하기 위함이었다.

그러나 우리 주 예수님이 돌아가셨을 때, 즉 그분의 영이 떠나셨을 때 성전의 휘장이 위에서부터 아래까지 찢어졌다. 하나님 자신이 그분의 손가락으로 휘장을 위로부터 아래까지 찢으신 것이다. 그것이 아래쪽에서부터 위쪽으로 찢어지지 않은 것은 제사장이나 원수가 찢은 것이 아님을 보여주시기 위함이었다. 휘장은 영원히 제거되었다. 불쌍한 이스라엘 사람들은 이 찢어진 휘장을 꿰매어 다시 사용했지만 그것은 하나님께서 그분의 아들의 죽음을 통해 이루신 것을 무효화하려는 헛된 시도에 불과했다.

이렇게 헛된 일을 행한 그들은 하나님의 임재를 거부한 채 2천 년 동안 방랑의 세월을 보냈다. 그러나 하나님은 이제 온 세상을 향해 말씀하신다.

"내 아들, 내 영원한 아들이 그의 육체를 찢어 너희와 나 사이의 휘장을 찢었으니 너희가 내게 나아올 수 있다. 전에는 대제사장만 들어올 수 있었지만, 이제 지성소 안으로 들어오는 것을 막는 것이 완전히 사라졌으니 내 백성 누구나 모두 들어올 수 있다."

성경은 하나님이 어디에나 임재하신다고 가르친다. 성경에 의하면, 하나님의 얼굴(우리가 체험할 수 있는 하나님의 분명한 임재)은 그분의 모든 백성에게 지극히 귀한 보물이다.

사랑은 드러나게 되어 있다

나는 하나님(아버지 하나님, 영원한 아들 하나님, 거룩한 성령 하나님)에 대해 말하지 않을 수 없다. 하나님은 자신을 계시하실 때 자연 속에서 계시하신다. 그분은 지극히 강한 분이시다. 그분은 성경에서 '엘로힘', '여호와', '여호와 닛시', '여호와 이레', '여호와 라파'와 같은 여러 가지 이름으로 자신을 나타내시는데, 이런 이름들은 그분의 영광과 위엄의 여러 측면을 드러낸다. 그분은 우리의 흠모와 찬양을 받기에 합당한 분이시다. 다윗은 이렇게 말했다.

"내가 여호와께 바라는 한 가지 일 그것을 구하리니 곧 내가 내 평생에 여호와의 집에 살면서 여호와의 '아름다움'을 바라보며 그의 성전에서 사모하는 그것이라"(시 27:4).

여기에 나온 '아름다움'은 히브리서에 비추어볼 때 '은혜'라고 해석할 수 있다. 어떤 역본에는 '여호와의 아름다움'이 '여호와의 은혜'로 번역되어 있다. 은혜로운 것은 모두 아름답다. 하나님은 아름다운 분이시다. 이 거룩하고 아름다우신 분이 지성소 안에 거하셨다. 다른 모든 이들이 그 안으로 들어갈 수 없었던 때에는 오직 대제사장이 1년에 한 번 휘장을 젖히고 들어갔다.

그리스도의 영광에 대해 한없이 말하면 지나친 것일까? 그리스도 안에서 계시된 그 임재에 대해 끝없이 찬양하면 너무 하는 것일까? 주 예수 그리스도, 이 놀랍고 희생적이며 사랑이 많으신 주 예수님, 별이요 태양이요 빛이신 분, 성령을 통해 인간의 경험 안에 계시된 분, 이 분은 말로 다 표현할 수 없을 만큼 거룩한 분이요 형언할 수 없을 정도로 감탄을 자아내는 분이시다.

그리스도를 생각해도 미지근한 감정 밖에 생기지 않는 우리의 현재 상태는 그분에 대한 체험적 앎이 미약하다는 증거가 아닐까? 분명히 말하지만, 사람은 자기가 사랑하는 대상에 대해 계속 침묵할 수 없다. 자기가 그 무엇보다 사랑하는 것이 있다면 그것에 대해 자꾸 말하지 않을 수 없다. 나는 그것을 마음속 깊은 곳에 억눌러 두고만 있을 수가 없다. 내게 계속 기쁨을 주는 것을 어찌 억눌러 둘 수 있겠는가? 그렇게 하려고 노력할 필요조차 없다. 그것이 주는 기쁨을 누리면 그만이다.

이것이 사랑의 능력이다. 지금 이 세상에 남아 있는 얼마 안 되는 바람직스런 것들 중 하나이지만, 그마저도 한심한 수준에서 맴돌고 있다는 것은 참으로 비극이다! 세상은 낭만적 사랑을 희한한 것으로 만들어버렸지만, 교회는 예수 그리스도에 대한 사랑을 최고의 기쁨의 근원으로 만들었다.

바울은 "내게 사는 것이 그리스도니"(빌 1:21)라고 말했다. 사랑받는 존재가 약간 귀찮아할 정도까지 끈질기게 달라붙는 것이 사랑의 속성이다. 당신이 다른 사람과의 대화에서 주님을 언급하지 않는다면, 혹 이것이 그분에 대해 별로 관심이 없다는 증거는 아닌가? 우리가 누군가와 대화할 때 우리와 그분의 관계에 대해 열의에 찬 말들이 본능적으로 튀어나오는가? 그렇지 않다면 그분에 대해 별로 알지 못한다고 조심스럽게 결론 내려도 무방할 것이다.

만일 당신이 다윗과 이야기를 나눈다면, 이내 그의 입에서 주님에 대한 언급이 튀어나오기 시작할 것이다. 그의 어떤 글을 읽을지라도 1분이 못 되어, 아니 30초가 못 되어, 아니 25초가 못 되어 그의 하나님 여호와에 대한 언급이 눈에 들어올 것이다. 사도 바울의 경우도 마찬가지이다.

바리새인들은 예수님께 고침 받은 사람이 자기들 앞에 서 있는 것을 보았을 때 아무 말도 못했다. 눈에 빤히 보이는 증거를 두고 반박할 수 없었기 때문이다. 어떤 사람이 새로운 신학을 주장하면 그것을 반박하는 사람이 꼭 생긴다. 새로운 신학을 이성적으로 반박하는 사람들이 나타나며, 그들 중에는 그럴듯한 반대 논리를 제시하는 사람도 있다. 그러나 실제로 성장하고 있는 믿음이 눈앞에 보인다면 그것을 부정하는 것은 불가능하다. 어떤 사람의 가슴이 뛰고 마음이 뜨겁게 달아올랐다면 그의 주장을 반박하는 타당한 논리는 불가능하다.

갓 태어난 아기를 얻은 아빠에게 누군가 "당신의 아기는 수백만의 신생아 중 하나에 불과합니다"라고 말한다 해도 객관적으로 틀린 말은 아니다. 그러나 기쁨으로 달아오른 그 아빠의 얼굴을 본다면 그렇게 말하고 싶은 마음이 없어질 것이다. 아기를 내려다보고 있는 엄마에게 내가 "지금은 당신이 아기의 얼굴을 내려다보며 즐거워하지만, 25년 전에 당신의 어머니도 당신을 내려다보며 즐거워했습니다"라고 말해봤자, 그녀에게나 나에게나 세상에게 아무 도움이 안 될 것이다. 가인과 아벨을 내려다보며 미소 짓다가 팔로 끌어안았던 하와에게 이런 식의 말을 했다 해도 아무 도움이 안 되었을 것이다. 누군가를 뜨겁게 사랑해본 경험이 없는 사람은 부모가 자식을 보고 느끼는 무한한 기쁨을 이해하지 못한다.

어떤 사람이 "하나님 앞에 나아가 그분을 즐거워하는 삶을 살아야 합니다"라고 주장하는 나 같은 사람이 잘못되었다고 증명하기 위해 여러 가지 신학지식을 동원하려고 한다면 얼마든지 동원할 수 있을 것이다. 그러나 하나님의 임재를 체험하여 얼굴이 기쁨으로 달아오른 여러 사람들을 보면, 내 주장이 얼마나 옳은지를 알게 될 것이다. 내 주장의 정당성은 다음과 같은 작자미상의 짧은 글에서도 간접적으로 드러난다.

당신의 얼굴을 보여주소서.

거룩한 아름다움의 한줄기 빛을

잠깐이라도 보게 하소서.

그리하시면,

당신의 사랑이 아닌 그 어떤 사랑도

꿈꾸거나 생각하지 않겠나이다.

찢어진 휘장을 꿰매는 사람들

그렇다면, 왜 어떤 이들은 자꾸 바깥에서 맴도는 것일까? 어째서 하나님의 임재를 즐기지 못하는 걸까? 내가 볼 때 그에게는 여전히 휘장이 중간에서 가로막고 있기 때문이다.

이렇게 말하면 혹자는 "휘장은 이미 제거되지 않았습니까?"라고 물을 것이다. 물론 제거되었다. 그렇지만 우리 앞에 놓인 휘장(베일)은 두 가지이다. 둘 중 하나는 그리스도께서 십자가에서 돌아가셨을 때 하나님이 제거하셨다. 이것은 하나님께서 우리의 접근을 막기 위해 쳐 놓으셨던 것인데, 그분 자신이 제거하셨다. 그분은 스스로 그분의 휘장을 치워버리셨기 때문에 "오라! 이제 담대히 들어오라!"라고 말씀하신다.

그러나 이것 말고 또 다른 베일이 있다. 이는 그분이 만들지 않으신 것으로, '육신적 자아(自我)'라는 촘촘히 짜인 베일이다. 하늘에서는 햇빛이 하루 종일 쨍쨍 비칠지라도 구름이 태양과 도시 사이를 가로막을 수 있듯이, 우리의 자아가 그분의 얼굴을 우리의 시야에서 가릴 수 있다. 예배하는 사람이 자아 때문에 그분의 얼굴을 보지 못할 수 있다.

그리스도인들이 이 베일을 걷어내지 못한 채 평생을 살아가는 일이 실제로 일어날 수 있다고 나는 주저 없이 말할 수 있다. 하나님께서 성소와 지성소를 가르는 휘장을 찢어 치워버리셨지만 우리는 바삐 손을 놀려 휘장을 꿰매어 다시 쳐 놓았다. 자기사랑, 자기연민, 자기신뢰, 자기도취 그리고 자기만족 같은 자기중심적 죄들로 엮어 만든 베일이다.

물론, 성막 그룹들의 날개 사이의 불에서 나온 불길이 속량 받은 모든 사람의 가슴 속에서 타고 있는 것은 사실이다(우리 하나님은 소멸하는 불이시다). 그리고 속량 받은 모든 사람의 가슴 속에서 타고 있는 이 작은 불길은 저 영원한 불, 즉 하나님의 임재의 불과 연합하기를 갈망한다. 그러나 안타깝게도 우리의 이 작은 불길은 자아의 휘장에 가로막혀 있다.

많은 그리스도인이 자아의 베일을 찢고 지성소 안으로 들어가기를 원치 않는 이유는 그렇게 하려면 거룩한 삶을 살아야 하기 때문이다.

　나는 이 영적 사실을 다음과 같은 비유를 통해 당신에게 말해주고 싶다. 내가 볼 때, 전 세계에 있는 영연방 국가들의 국민 모두가 항상 영국 여왕 앞에서 시간을 보내고 싶어 하지는 않을 것이다. 당신 같으면 좋겠는가? 물론 누구나 소정의 의전절차를 거쳐 정중하게 인사하고 여왕을 알현하면 매우 기쁠 것이고, 이런 경험을 평생 주변 사람들에게 자랑삼아 말할 것이다. 그러나 궁전에서 날마다 살기를 원하는 사람은 많지 않을 것이다. 그렇게 하려면 항상 긴장해야 하기 때문이다. 그렇게 하려면 언제나 복장과 언어 사용에 신경을 써야 하고 궁전의 예절과 법도를 모두 알아야 하는데, 이런 것은 편하게 생활하기 원하는 시민들에게는 좀 부담스런 일이다.

　항상 정장차림으로 있기 원하는 사람은 없다. 누구나 자신에게 익숙한 슬리퍼를 신고, 약간 나사 풀린 듯이 편하고 느긋하게 지내기를 원한다. 그와 마찬가지로 하나님 앞에서 살려면 항상 최선의 상태를 유지해야 하는데, 당신이 그렇게까지 할 만큼 영성이 뛰어나지는 않을 것이다. 최선의 상태를 유지하려면 낡은 바지나 단정하지 못한 낡은 셔츠를 입어서는 안 되고 항상 단정한 옷을 입어야 한다. 거룩하신 분 앞에서 살려면 도덕적으로나 영적으로 올곧고 깨끗해야 한다. 그렇기 때문에 일반적인 그리스도인들은 "항상 하나님 앞에서 사는 것은 천국에나 가서 누리면 된다"라고 말한다.

만일 그리스도인들이 가장 깊은 속마음을 털어놓는다면, 항상 하나님 앞에 있는 것이 지루하다고 말할 것이다. 그들은 그런 삶을 받아들이지 못할 것이다. 아담처럼 긴장을 풀고 세상과 육신으로 돌아가고, 애굽의 고기 가마(출 16:3)로 돌아가고 싶어 할 것이다. 어금니를 꽉 깨물고 가나안으로 들어가 계속 머물라는 요구가 우리에게 좀 부담스런 것은 사실이다. 그러나 성령께서는 우리에게 그렇게 하라고 말씀하신다!

"우리는 … 은혜의 보좌 앞에 담대히 나아갈 것이니라"(히 4:16).

"그러므로 형제들아 우리가 예수의 피를 힘입어 성소에 들어갈 담력을 얻었나니 그 길은 우리를 위하여 휘장 가운데로 열어 놓으신 새로운 살 길이요 휘장은 곧 그의 육체니라 또 하나님의 집 다스리는 큰 제사장이 계시매 우리가 마음에 뿌림을 받아 악한 양심으로부터 벗어나고 몸은 맑은 물로 씻음을 받았으니 참 마음과 온전한 믿음으로 하나님께 나아가자"(히 10:19-22).

대부분의 그리스도인들은 하나님의 임재에서 조금 떨어진 곳에서 사는 것에 만족한다. 그러나 우리가 기억해야 할 것은 다윗이나 바울이나 스데반을 닮은 신앙인들이 이제까지 늘 역사 속에 있었다는 것이다. 이런 사람들은 누군가 표현했듯이 '지극히 감미로운 하나님의 사랑'을 맛보기 위해서라면 죽음도 받아들일 수 있는 사람들이었다.

자아의 베일을 찢으라

그렇다면 이제 우리는 어떻게 해야 하는가? 간단히 말할 것 같으면, 우선 사랑 안에서 믿음을 굳게 붙잡아야 한다. 하나님은 그렇게 하는 사람을 귀하게 여기신다. 둘째, 온전한 믿음으로 나아가야 한다. 셋째, 자아에게 등을 돌려야 한다. 이 세 가지는 두 번째 베일을 찢어버리고 하나님 앞으로 나아가는 데 큰 도움을 준다.

프랑수아 페넬롱(Francois Fenelon: 1651~1715. 프랑스의 왕실 목회자)은 "옛 육신 즉 옛 베일을 자르고 찢고 태워 없애라. 인정사정 보지 말고 그렇게 하라"라고 했다. 그렇다! 당신의 얼굴 앞에 있는 베일을 치워버려라. 하나님께서 당신의 접근을 막기 위해 쳐 놓으셨던 베일을 치워버리셨으니, 이제 당신도 그분을 막으려고 쳐 놓은 베일을 치워버려라. 그분께 나아가지 못하도록 방해해온 오래 된 베일을 조금도 남김없이 자르고 찢고 태워버리자.

불행하게도, 많은 그리스도인들이 날마다의 삶에서 '의식할 수 있게 나타나는 하나님의 분명한 임재'가 나타나지 않아도 아무 고민 없이 살아가고 있다. 외로움에 시달리며 살아가는 그리스도인이 많은데, 이것은 오직 하나님의 임재를 통해서만 치유될 수 있다.

그럼에도 왜 그토록 많은 그리스도인들이 그분의 임재를 부담스럽게 여겨 뒷걸음질 치는가? 그것은 그분의 얼굴을 보는 것(분명하게 나타나는 그분의 임재를 느끼고 즐기는 것)이 그분의 모든 백성에게 더할 나위 없이 귀한 것임을 모르기 때문이다.

하나님 앞에 이르러 거기 머물기 위해 노력하는 것은 충분히 가치 있는 일이다. 스스로 만들어놓은 베일을 찢어버리는 사람은 그를 기다리고 계신 분을 만나게 될 것이고, 그분은 그의 평생 동안 흠모와 찬양의 아름다운 향기로 그의 삶을 채워주시고 복을 주실 것이다.

나는 밤낮으로 그분 앞에서

그분의 제사장이라네.

그분의 성소 안에서.

삶과 죽음 그리고 밝고 어두운 모든 것들을

그분의 얼굴 앞에 펼쳐놓는다네.

그분의 기쁨으로 즐거워하지만,

늘 조용한 것은

침묵이 내 노래이기 때문이라네.

하루 종일 또 밤새도록

내 일들보다 그분의 거룩한 뜻을

앞세우기를 기뻐하는 것은

그분과 항상 달콤한 대화를 나누기 위함이라.

하지만 말이 없는 것은

내 기쁨이 완전하기 때문이라.

_게르하르트 테르스테겐(Gerhard Tersteegen)

〈성소 안에서〉

2

Experiencing the Presence of God

하나님의 임재를 붙들라

08

영적 잡초를 제거하라

"염소와 황소의 피와 및 암송아지의 재를 부정한 자에게 뿌려 그 육체를 정결하게 하여 거룩하게 하거든 하물며 영원하신 성령으로 말미암아 흠 없는 자기를 하나님께 드린 그리스도의 피가 어찌 너희 양심을 죽은 행실에서 깨끗하게 하고 살아 계신 하나님을 섬기게 하지 못하겠느냐"(히 9:13,14).

마크 트웨인은 이런 유명한 말을 남겼다.

"정확한 단어와 거의 정확한 단어의 차이는 번개(lightning)와 반딧불이(lightning bug)의 차이이다."

우리가 올바른 단어를 찾아내고 그것의 의미를 정확히 아는 것은 매우 중요하다. 그런데 최근에 기독교의 용어들을 구어체로 바꾸려는 엄청난 노력이 있었다. 이것은 영어가 사용되기 시작한 이래로 지금까지 우리가 사용해온 표준적 단어들을 버리고 '좀 더 친숙한 단어들'을 대신 사용하자는 운동이다. 그러나 어떤 의미를 담고 있는 단어를 버리면 그 단어에 담긴 의미까지도 버리는 것이다. 이 말이 무슨 뜻인지 학자들은 잘 알 것이다.

말에는 의미가 담긴다

조류학자는 어떤 새를 지칭할 때 라틴어 이름을 붙인다. 예를 들어, '플리커'(flicker: 북미산 딱따구리의 일종)라고 불리는 새에게 붙여진 라틴어 이름이 있었을 텐데, 나는 그것을 모른다. 내 아버지는 언제나 이 새를 '플리커'라고 부르시거나, '웻헨'(wet hen)이라고 부르셨다. 이 녀석이 '웻, 웻, 웻, 웻'이라고 소리를 내면 비가 오곤 했기 때문이다. 그런데 이 녀석은 '금빛 날개 딱따구리'(golden winged woodpecker)라고도 불린다. 또한 어떤 사람들은 이 녀석을 '높은 구멍'(high hole)이라고 부른다. 이 녀석이 나무의 높은 곳에 구멍을 파고 둥지를 넣기 때문이다.

똑같은 새를 '플리커', '웻 헨', '금빛 날개 딱따구리', 그리고 '높은 구멍'이라고 부르는 것을 들으면 머리가 좀 혼란스러워진다. 내가 플리커를 가리키는 이름을 네 가지만 당신에게 소개해주었지만, 이 네 가지 말고도 더 많은 이름들이 있을 것이다(이 녀석이 어디를 가든지 발견되는 것을 볼 때 틀림없이 북미대륙 전체에 걸쳐 서식할 것이다).

그런데 이 녀석을 정확히 표현하려면 라틴어 이름으로 불러야 한다. 조류학자는 한 종류의 새에게 라틴어 용어 하나를 붙여주는데, 이 라틴어 이름은 결코 변하지 않기 때문이다. 그래서 과학자나 학생들은 이 라틴어 이름을 들으면 상대방이 어떤 새를 가리키는지 정확히 알게 된다.

신학도 이와 같다. 만일 내가 하나님을 가리켜 '최고의 신'(最高神, All Father)이나 '저 위에 계신 분'(One Upstairs)이라고 표현하거나, 또는 어떤 이상한 이름을 사용하거나, 아니면 내가 만들어낸 개인적 용어를 붙인다면 사람들은 내 말을 자기들 멋대로 이해할 것이다. 그러나 내가 '하늘과 땅 그리고 보이는 것과 보이지 않는 것을 모두 만드신 전능하신 아버지 하나님'이라고 말하고 내 말을 바꾸지 않는다면, 사람들은 내가 무슨 뜻으로 이 말을 하는 것인지 정확히 알 것이다.

오컬트(the occult: 점성술, 흑마술, 사탄숭배, 영매와의 상담 등을 총칭하는 말)에 빠진 이상한 사람들이 하나님을 그들 멋대로 다양한 이름으로 부른다 해도 나는 그분이 그분 자신을 표현하신 이름으로 그분을 부를 것이다. 그렇게 하면 언제나 그분이 의미하시는 것을 정확히 전하게 된다. 내가 '여호와'라는 표현을 쓰면 여호와를 의미하는 것이고, '전능하신 아버지 하나님'이라고 말하면 역시 전능하신 아버지 하나님을 뜻하는 것이다. 여기에 변화는 있을 수 없다.

단어(말)를 조그만 그릇에 비유해보자. 조그만 그릇들에는 내용물을 표시하는 라벨이 붙어 있다. 그런데 마귀는 각각의 그릇에 담긴 내용물을 따라버리고 다른 것들을 채운다. 말에 담긴 진짜 의미를 따라버리고 다른 의미를 담는 것이다. 누군가 '프림'이라는 라벨이 붙어 있는 그릇에 프림 대신 식초를 채운다면 무슨 일이 일어날지 상상해보라. 몇 년 동안 항상 프림 용기로 사용되어온 그 그릇에 담긴 것을 커피 잔에 부으면 커피 맛을 완전히 망치게 될 것이다.

수백 년 동안 교회가 익히 사용해온 신학 용어에는 특정 의미가 담겨 있다. 그런데 만일 머리 좋은 어떤 사람이 그 의미를 따라버리고 잔을 헹군 후 다른 의미를 집어넣는다면 사람들은 뭐가 뭔지 잘 모르게 되고 혼란 속에서 헷갈리기 시작할 것이다. 그러므로 우리는 진리를 붙들어야 할 뿐만 아니라 그 진리를 담고 있는 단어들도 역시 고수해야 한다.

오늘날 기독교 저술가라는 사람들이 대중의 수준에 맞추어 글을 쓴다고 하면서 실상 우리를 바보로 만들고 있다. 하지만 이런 경향에 흔들리지 말고 우리는 그리 어렵지 않은 성경의 단어들을 배우겠다고 굳게 마음먹고 자신감을 가져야 한다.

성경이 '회개하다'라는 말을 사용하면 거기에는 어떤 의미가 있는 것이다. 성경이 '의롭다 칭함을 받다' 또는 '거듭나다'라고 말하면 역시 어떤 의미가 담겨 있는 것이다. 이런 말들이 무슨 뜻인지 배워라. 배우는 데 1분 30초도 걸리지 않을 것이다. 일단 배우면 죽을 때까지 제대로 사용할 수 있지 않겠는가?

속량을 완성하신 삼위 하나님

이 점에 대해 차근차근 생각해보자. 히브리서 9장 14절에는 '영원하신 성령으로 말미암아 흠 없는 자기를 하나님께 드린 그리스도'라는 표현이 나온다. 이 말은 몇 가지 사실을 전제

하는데, 그중 하나는 인간이 타락했다는 것이다. 이것은 자명한 진리이다.

당신이 10년 동안 보지 못했던 친구의 집을 방문했다고 가정해보자. 그 집에 새로운 아이가 태어났다는 소식은 들었지만, 그 아이가 남자아이인지 여자아이인지는 기억하지 못한다고 하자. 그런데 세 살쯤 되어 보이는 아이가 도저히 어찌지 못할 만큼 더러운 모습으로 먹을 것을 달라고 소리 치고 깨끗한 주방에서 주먹을 휘두르며 뒤뚱뒤뚱 걸어간다면 당신은 굳이 "저 아이는 혹 여자아이입니까?"라고 물을 필요도 없을 것이다. 묻지 않아도 잘 알기 때문이다. 그 아이가 남자아이라는 것이 자명해 보인다. 그 아이는 자신이 남자라는 것을 행동으로 증명하고 있다.

어떤 진리들은 자명하다. 즉, 스스로를 증명한다. 하나님은 "인간이 죄를 지어 타락했다"라고 말씀하신다. 그렇다면, 그 증거가 무엇일까? 그 증거는 우리 주변에 널려 있다. 신문을 읽거나 방송 뉴스를 들으면 인간의 죄악의 증거를 바로 알게 된다. 현재 우리 사회는 탐욕과 욕심과 오만 때문에 몹시 피곤하다. 죄는 바로 우리에게 있다. 성경이 그렇게 말하고 있으며, 또한 이 사실은 스스로를 증명한다.

기독교의 기본 교리에 따르면, 인간은 그의 도덕적 반란 때문에 하나님에게서 멀어졌고 그분의 존전에서 영원히 추방되었다. 그분과 인간 사이를 가로막는 것은 다름 아닌 죄이다. 이것이 성경의 가르침이다.

누군가 당신에게 인간의 타락에 대해 쉽게 풀어서 가르쳐 줄 필요는 없다. 누군가 당신 안에 있는 '움직일 수 없는 원자(原子)들'을 움직이기 위해 타락의 사건을 촌극(寸劇)으로 만들어 보여줄 필요가 없다. 모든 이가 인간의 타락을 알고 믿고 인정해야 한다.

인간은 타락한 피조물이다. 우리는 타락 이전의 우리가 아니며, 마땅히 있어야 할 자리에 있는 것도 아니다. 죄가 우리에게 있고 미움, 정신이상, 덧없음, 범죄 그리고 전쟁도 있다. 이 모든 것이 여기, 이 세상에 있다. 이것이 한 가지 사실이다.

이 사실은 또 하나의 사실을 의미하는데, 즉 인간의 속량이 완성되었다는 것이다. 이것은 하나님께서 이루신 것이다. 오직 그분만이 타락한 인간을 찾아와 속량하고 회복시키실 수 있다. 거기에 인간의 협력은 필요하지 않다.

속량은 삼위일체의 일이었다. 타락이 오직 인간의 작품이듯, 속량은 오직 하나님의 작품이다. 그리스도(아들)께서 영원한 영(성령)을 통해 자신을 하나님(아버지)께 드리셨다(히 9:14). 속량은 단독적 행위가 아니라 성부와 성자와 성령이 참여하신 행위이다.

삼위일체를 가르칠 때 우리는 종종 이 세 분을 분리하는 경향이 있지만, 사실 이 세 분은 절대적으로 분리될 수 없다. 특히 이 속량의 분야에서 그렇다. 초대교회의 교부들은 이것을 알았기 때문에 이렇게 말했다.

"우리가 하나님의 세 위격(位格, person)을 인정해야 하지만, 그렇다고 해서 그분의 본체를 나누어서는 안 된다. 성부와 성자와 성령의 본체는 동일하다. 이 세 분은 본체가 동일하시므로 분리될 수 없다."

성부께서 여기서 어떤 일을 하시고, 성자께서 저 밖에서 다른 일을 하시고, 성령께서 그 맞은편에서 또 다른 일을 하신다는 것은 상상조차 할 수 없는 일이다. 이 세 분은 어떤 일을 하시든지 함께 일하신다.

성경은 성부께서 천지를 창조하셨다고 가르치고, 성자께서 천지를 창조하셨다고 가르치며, 또한 성령께서 천지를 창조하셨다고 가르친다. 이것은 모순이 아니다. 이 세 분이 창조 사역에서 함께 일하셨기 때문이다.

이 세 분은 속량 사역에서도 함께 일하셨다. 천사의 수태고지(受胎告知)에서도 알 수 있듯이, 그리스도의 성육신은 삼위일체의 협동의 결과였다. 천사는 마리아에게 찾아와 "성령이 네게 임하시고 지극히 높으신 이의 능력이 너를 덮으시리니 이러므로 나실 바 거룩한 이는 하나님의 아들이라 일컬어지리라"(눅 1:35)라고 말했다. 그리고 성삼위는 성육신뿐만 아니라 그리스도의 세례 사건에서도 함께 일하셨다(마 3:16,17).

오늘날 많은 이단들이 삼위일체의 교리를 문제 삼는다. 그러나 삼위일체를 부정하려면 성경의 어떤 부분들을 부정해야 할 것이다. 세례 요한이 예수님께 세례를 준 사건을 예로 들어보자. 성부는 하늘에서 말씀하셨고, 성자는 강가에 서셨으며, 성령은 성부로부터 비둘기처럼 내려와 성자에게 임하셨다. 성부는 "이는 내 사랑하는 아들이요"(마 3:17)라고 말씀하시고 성령이 임하게 하셨다. 여기서 알 수 있는 것은 예수님이 세례 받으신 사건에서 세 위격이 동시에 나타나셨다는 것이다.

예수님의 죽음과 장사와 부활에 대한 성경의 자세한 기록을 한 번 보자. 이 과정에서 두드러지게 나타나는 것은 삼위일체의 모든 위격들이다. 예수님은 "너희가 이 성전을 헐라 내가 사흘 동안에 일으키리라"(요 2:19)라고 말씀하셨다. 이것은 예수님이 자신을 일으키실 것이라는 선언이셨다. 그리고 주님은 "나를 보내신 이의 뜻은 내게 주신 자 중에 내가 하나도 잃어버리지 아니하고 마지막 날에 다시 살리는 이것이니라"(요 6:39)라고 말씀하셨다. 그런데 성경의 이곳저곳에서는 성부께서 성자를 일으키셨다고 가르친다. 그리고 로마서 1장 4절은 성령께서 성자를 일으키셨다고 증언한다. 그러므로 우리는 부활 사건에서 삼위가 모두 완벽한 조화 가운데 일하여 하나님의 일을 이루셨다는 것을 알 수 있다.

진리의 밭에서 영적 잡초를 뽑아내라

속량의 분야에서도 몇 가지 오류가 발견되는데 나는 당신이 이런 것들을 당신의 머릿속에서 뽑아내기를 바란다. 혹시 당신은 "왜 오류들에 신경 쓰느라고 시간을 낭비합니까? 차라리 진리를 더 가르치면 되는 거 아닙니까?"라고 말하고 싶은가? 이런 질문은 농부에게 "왜 잡초를 뽑느라고 시간을 낭비합니까? 차라리 곡식을 더 심는 게 낫지 않습니까?"라고 묻는 것과 다를 바 없다. 잡초를 뽑지 않고 곡식만 심는 농부는 후에 아무것도 수확하지 못할 것이다.

옛날에 어떤 사람이 이 세상을 더 살기 좋은 곳으로 만드는 방법이 무엇인지를 고민하고 있었다. 그 모습을 본 다른 사람이 "한 가지 방법이 생각났네. 건강을 전염시키면 되는 거야"라고 말했다고 한다. 그러나 건강은 전염되지 않고 질병이 전염된다! 가만히 앉아서 건강이 찾아오기를 학수고대해 봤자 건강은 거저 주어지지 않는다. 오히려 홍역 같은 것이 찾아올 것이다. 전염되는 것은 질병이지 건강이 아니다. 세상도 저절로 좋아지지 않는다.

시골의 정원을 예로 들어보자. 잘 가꾸어진 정원은 보기에 참 좋다. 잡초 하나 없이 반듯이 줄지어 늘어선 초목은 참 아름답다. 그러나 정원사의 힘든 수고 없이 저절로 그렇게 될 수는 없다. 그의 수고가 없다면 토마토나 곡식의 성장은 정체되고 잡초만 무성할 것이다. 하나님은 아담에게 "땅이 네게 가시덤불과 엉겅퀴를 낼 것이라 네가 … 얼굴에 땀을 흘려야 먹을 것을 먹으리니"(창 3:18,19)라고 말씀하셨다. 잡초를 제거하려면 사람의 얼굴에서 땀이 흘러야 한다. 잡초 제거에 실패하면 정원의 건강이 위험에 빠진다.

진리를 알기 원하는가? 그렇다면 오류의 잡초를 뽑아내라. 그래야 진리가 자랄 수 있다. 영혼의 정원에서 자라난 잡초를 보라. 그것을 뽑아내면, 진리가 어디서 자라나는지 보일 것이다.

잡초 1. 그리스도는 우리의 편이지만 하나님은 그렇지 않다

어떤 이들은 성자 예수님이 성부 하나님과 다르시다고 말한다. 나는 당신이 머릿속에서 이런 영적 잡초를 빨리 뽑아내기를 바란다. 결코 거기서 자라도록 내버려 두어서는 안 된다. 이들의 말 속에는 '그리스도는 우리의 편이지만 하나님은 그렇지 않다'라는 뜻이 들어 있다.

이것은 완전히 잘못된 말이다. 하나님이신 그리스도가 우리의 편이시고, 하나님이신 성부도 우리의 편이시며, 하나님이신 성령도 우리의 편이시다.

삼위일체가 우리를 위하신다. 성자께서 이 땅에 와서 우리를 위해 돌아가신 것은 성부께서 우리 편이시기 때문이다. 하나님께서 우리를 위하시기 때문에 성자께서 지금 하나님의 우편에서 우리를 위해 간구하고 계신 것이다. 우리의 마음 안에 계신 성령은 우리의 대언자(代言者)이시다. 그리스도는 위에 계신 대언자이시다.

성삼위의 뜻은 완전히 일치한다. 인간을 사이에 두고 성부와 성자의 뜻이 갈리는 것은 있을 수 없다. 그리스도는 사랑

과 자비가 많으시지만 하나님은 엄하고 공의로우시다고 말하는 이들이 있다. 그러나 성경은 이런 주장에 동의하지 않는다.

잡초 2. 구약의 메시지와 신약의 메시지는 다르다

나도 신약은 사랑의 책이고 구약은 심판의 책이라는 느낌에서 완전히 벗어나는 데 꽤 오랜 시간이 걸렸다. 내가 구약과 신약을 꼼꼼히 읽으면서 단어들을 세어보니 '자비'라는 말은 신약보다 구약에서 세 배 더 많이 나왔다. '은혜'라는 말은 신약과 구약에서 동일하게 나왔다.

저 먼 과거라고 할 수 있는 노아의 시대에 노아는 여호와께서 보시기에 은혜를 입었다. 시편은 "여호와는 은혜로우시며 긍휼이 많으시며 노하기를 더디 하시며 인자하심이 크시도다"(시 145:8)라고 말한다. 구약의 특징 중 하나가 은혜이고, 신약의 특징 중 하나가 심판이다. 마태복음 23장, 요한계시록, 유다서, 베드로후서를 읽어보라. 그러면 세상에 임할 하나님의 심판들이 얼마나 무서운지를 알게 될 것이다. 이것들은 신약의 심판들이다.

하나님은 심판의 하나님이시며 동시에 은혜의 하나님이시다. 심판과 은혜가 신약성경에 모두 나온다. 그리고 역시 구약성경에도 심판과 은혜가 모두 나온다. 하나님은 언제나 변함없이 동일하시다. 아버지와 아들과 성령이 모두 그러하시다.

잡초 3. 성부의 사랑과 성자의 사랑은 그 정도가 다르다

어떤 이들은 "그리스도께서는 우리를 위한 그분의 죽음을 통해 하나님을 우리의 편으로 만드셨다"라고 가르친다. 그리고 이런 주장을 받아들여 나름대로 상상력을 발휘하는 사람들도 있다. 나는 복음전도자들이 "하나님께서 진노하셔서 칼을 들어 죄인을 멸하려 하셨지만 예수님이 급히 달려들어 그 칼을 대신 맞으셨습니다. 그분이 죽으셨기 때문에 죄인이 살았습니다"라고 말하는 것을 들었다.

이것이 드라마로서는 훌륭할지 몰라도 신학적으로는 잘못되었다. 진리와는 거리가 멀기 때문이다. 성경은 "하나님(성부)이 세상을 이처럼 사랑하사 독생자를 주셨으니"(요 3:16)라고 분명히 선언한다. 성자께서 인류를 위해 죽음을 맛보시도록 이 땅에 보낸 것은 성부의 사랑이었다.

성부와 성자는 성자께서 세상의 죄를 위해 돌아가셔야 한다는 것에 완벽하게 의견의 일치를 보셨다. "십자가에서 돌아가신 분은 마리아의 아들 한 분이셨지만, 성부의 마음은 성자의 마음만큼 깊은 고통을 맛보셨다고 믿는다"라고 내가 말한다 해도 크게 잘못된 말은 아닐 것이다.

당신에게 아들이 하나 있는데 내일 아침 교수형을 당하게 되어 있다면 누가 더 큰 고통을 당할까? 목에 밧줄이 걸린 채 세상을 떠나는 당신의 아들일까 아니면 당신일까? 나는 아들보다 당신이 더 고통스러울 것이라고 믿는다. 그의 고통은 잠깐 있다가 없어질 것이지만 당신의 고통은 끝이 없을 것이기 때문이다.

그와 마찬가지로, 공의의 요구 때문에 부득이 성부께서 십자가에서 죽어가는 아들에게 등을 돌리셨지만 성자의 고통만큼 큰 고통을 맛보셨을 것이다. 로마 군인이 예수님의 옆구리를 창으로 찔렀을 때 하늘에 계신 하나님의 옆구리에서도 그것이 느껴졌을 것이다. 십자가에서 돌아가신 것은 오직 성자이시지만 성부도 성자와 하나이시기에 고통 당하셨을 것이다.

잡초 4. 우리의 구원을 위해 일하신 분은 오직 성자 하나님이시다

우리가 살펴보아야 할 또 다른 오류는 오직 한 위격만이 속

량에 참여하셨다는 생각이다. 사실을 말하자면, 성삼위 모두 속량에 참여하셨다. 성부께서는 성령으로 말미암아 드려진 제물을 받으셨다. 그 제물은 무엇이었는가? 그 제물은 흠 없이, 점 없이 드려진 어린양이신 성자이셨다. 성자께서 성령을 통해 속량의 대가를 성부께 치르셨지만 이 세 분이 모두 속량에 참여하신 것이다.

오, 하나님의 마음으로부터 그분의 아들을 통해 성령으로 말미암아 인류에게 흘러내리는 사랑이 얼마나 깊고 높은가! 그 사랑이 얼마나 밝고 얼마나 신비로운가! 오, 사랑의 폭포여!

구원으로 초대하시는 성삼위 하나님

속량은 당신 밖에 있는 객관적인 것이다. 이것은 십자가에서 일어난 것이다. 하지만 구원은 당신 안에서 일어나는 것이다. 그러므로 내가 속량을 내 것으로 삼았다면 그것을 주관적인 것으로 만든 것이다. 즉, 내 밖에 있는 것(속량)을 취하여 내 안의 것으로 만든 것이다. 속량을 내 것으로 만든 것, 이것이 바로 구원이다.

성삼위는 잃어버린 자들을 구원으로 초대하신다. 아들은 "수고하고 무거운 짐 진 자들아 다 내게로 오라"(마 11:28)라고 말씀하셨다. 성자 예수님은 "나를 보내신 아버지께서 이끌지 아니하시면 아무도 내게 올 수 없으니"(요 6:44)라고 말씀하신다. 요한계시록은 "성령과 신부가 말씀하시기를 오라 하시는도다"(계 22:17)라고 말한다. 성삼위께서 우리를 위해 이루신 속량은 우리가 성부와 성자와 성령의 부름에 응답하여 하나님께 나아갈 때 우리의 구원이 된다.

예수님은 죄인들과 함께 앉아 떡을 잡수실 때 자신이 왜 그곳에 계신지를 아셨다. 다른 이들은 그분이 죄인들과 함께 계신 것을 보고 "저분이 죄인들과 함께 잡수시다니 어찌된 일인가?"라고 의아해 했다.

그분이 그렇게 하신 이유를 설명하기 위해 나는 한 가지 예를 들고 싶다. 구세군에 속한 믿음의 여자가 술집에 간다면 그것은 술을 마시기 위함이 아니라 그곳에 있는 사람들에게 생명수를 주기 위함이다. 예수님이 죄인들과 함께 식사를 하신 것도 같은 이유에서이다. 그분이 어디에서든지 그들과 함께 앉으신 것은 그들의 사악함을 즐기기 위해서가 아니라 그들을 돕기 원하셨기 때문이다.

1. 양을 찾은 목자

누가복음 15장에는 예수님이 말씀해주신 아주 감동적인 세 비유가 나온다. 사실 이것들은 하나의 비유이다. 목자에게 백 마리의 양 떼가 있었는데 아흔아홉 마리의 양은 우리 안에 안전하게 있었다. 목자는 우리를 둘러보다가 양 한 마리가 없어진 것을 발견했고, 아흔아홉 마리를 남겨둔 채 사방으로 돌아다니며 찾다가 결국 그 잃어버린 양을 찾았다.

2. 잃어버린 것을 찾은 여자

어떤 여자가 은 열 조각으로 만들어진 아름다운 보석 한 점을 갖고 있었는데 줄이 끊어져 바닥에 온통 흩어지고 말았다. 사방을 뒤져서 조각들을 주웠지만 한 조각은 찾지 못했다. 그러나 촛불을 켜서 다시 온 바닥을 살펴본 후 결국 "아, 여기에 있구나! 찾았다!"라고 소리쳤다. 주변 사람들은 그녀가 마지막 조각까지 찾은 것을 보고 아주 크게 기뻐해주었다.

3. 아들을 기다린 아버지

누가복음 15장의 세 비유 중 마지막 것은 아버지와 잃어버린 아들에 대한 비유이다. 이 아버지의 아들 중 하나는 자기의 일을 열심히 하지 않는 사람이었는데, 그의 아버지에게 "내가 받을 유산의 몫을 지금 주십시오. 아버지께서 돌아가실 때까지 기다릴 수 없습니다. 아버지께서 여러 해 더 사실 지도 모르니까 지금 내 몫을 주십시오"라고 말했다.

아버지께 자기의 몫을 받은 아들은 집을 떠나서 돈을 펑펑 써버렸다. 그러다 돈이 다 떨어지자 오도 가도 못하는 신세가 되어 씻지도 못하고 누더기 옷을 입고 돼지우리 냄새가 몸에 밸 정도까지 비참한 생활을 하게 되었다. 그는 속으로 생각했다.

'내가 얼마나 바보처럼 살았는가! 이젠 지긋지긋하다. 내 집에서는 하인들도 깨끗한 옷을 제대로 차려입고 잘 먹지 않는가? 그런데 나는 여기 돼지우리에 누워 있구나. 내가 어떻게 해야 할지 이제 알겠다. 집으로 돌아가자.'

집으로 돌아가는 길에 그는 아버지께 무엇이라고 말해야 할지를 생각하면서 이렇게 중얼거렸다.

"내 아버지께 이렇게 말하자. '아버지, 나는 아버지의 아들이라고 불릴 자격이 없습니다. 아버지의 목전에서 죄를 지었습니다. 저를 하인 중 한 명으로 써 주세요'."

그러나 집으로 돌아오는 아들은 본 그의 아버지는 달려 나가 아들을 끌어안고 새 옷을 입히고 살찐 송아지를 잡아 잔치를 베풀어 그가 돌아온 것을 축하했다.

언제나 하나로 일하시는 삼위 하나님

나는 아주 오래 전에 세 비유를 처음 들었지만, 그 후 여러 해가 지나서야 비로소 그 의미를 깨닫게 되었다. 간절히 기도하면서 하나님께 "이 비유들이 무슨 뜻입니까?"라고 물었을 때 말이다. 주석 책을 참고하는 것이 평소에는 필요하고 좋은 일이지만, 당시 나는 주석 책을 의지하지 않고 오직 하나님께 이 비유들의 의미를 여쭈었다. 그러자 내 마음에 깨달음이 찾아왔다.

그때의 기분은 비행기를 타고 구름 위로 날아올라 햇살이 쏟아지는 장관(壯觀)을 내려다볼 때의 기분 같았다. 나는 깨달았고, 그 깨달음을 지금도 기억한다. 여러 해 전의 일이지만 그 후에도 내 견해는 바뀌지 않았다.

누가복음 15장에 나오는 세 비유에는 삼위일체의 세 위격이 모두 등장하신다. 이 비유들에서 잃어버린 아들은 잃어버린 세상이고, 잃어버린 동전도 잃어버린 세상이며, 잃어버린 양도 역시 잃어버린 세상이다. 성부(탕자의 아버지)는 그분의 잃어버린 아들을 찾고 계셨고, 성자(목자)도 그분의 잃어버린 양을 찾고 계셨으며, 성령(촛불을 든 여자)도 그분의 잃어버린 동전을 찾고 계셨다. 집으로 돌아온 탕자, 다시 찾은 동전 그리고 다시 찾은 양은 모두 속량 받은 인류를 의미한다.

성부와 성자와 성령이 모두 잃어버린 것을 찾고 계셨다. 성부는 그분의 아들이 집으로 돌아오기를 기다리고 계셨고, 성자도 그분의 양을 찾고 계셨고, 성령도 잃어버린 은 조각을 찾아 온전한 은 목걸이를 만들어 다시 목에 걸기를 원하셨다. 이런 깨달음이 임한 후에 하나님이 내게 "성부와 성자와 성령이 잃어버린 보물들을 부지런히 찾고 계시다는 것이 이 비유들의 의미이다"라고 말씀하셨다.

예수님이 왜 죄인들과 대화를 나누셨는지 이제 이해가 가는가? 성자가 잃어버린 양을 찾고 계셨고, 그분의 아버지도 그분의 잃어버린 아들을 찾고 계셨으며, 성령도 그분의 은전(銀錢)을 찾고 계셨기 때문이다. 잃어버린 것을 찾는 일에서 성부와 성자와 성령이 하나가 되셨던 것이다. 이 진리가 내게는 너무나 놀랍고 놀랍다!

이제 나는 당신이 깨달음을 얻었기를 바란다. 온갖 이단들, 말에 담긴 본래의 의미를 따라버리고 엉뚱한 것을 집어넣는 자들, 이상한 글을 써서 당신을 바보로 만들려는 자들에게 무엇이라고 대답해야 할지를 깨달았기 바란다. 앞으로 이런 자들을 만나면 이렇게 대답하라.

"선생님, 내가 믿는 것은 이런 것입니다. 인간이 타락했지만 하나님이 속량하셨습니다. 성삼위께서 이 속량의 일에 모두 동참하셨습니다. 성자께서 희생을 드리셨고, 성령께서 그 희생을 전하셨으며, 성부께서 그 희생을 받으셨습니다. 거룩하신 삼위일체 하나님, 성부와 성자와 성령께서 인류의 구원을 위해 일하시는 것입니다."

나는 모든 이가 지혜를 얻어 이 진리를 깨닫고 하나님을 바라보게 해달라고 기도한다. 당신도 이제 구원의 초대에 응하라. 아무도 일할 수 없는 밤이 곧 이를 것이기 때문이다.

의식할 수 있게 나타나는 하나님의 분명한 임재는 성삼위의 협동의 결과이다. 이것은 주 예수 그리스도의 보혈로 속량 받은 사람과 삼위일체 사이의 조화이다. 하나님이 그분 자신을 우리에게 나타내기 원하시는 간절함은 그분의 임재를 체험하기 원하는 우리의 간절함보다 더 강하다.

과거에는 복 받는 것이었으나

이제는 주님이시라.

과거에는 감정이었으나

이제는 그분의 말씀이라.

전에는 그분의 선물을 원했으나

지금은 '선물을 주시는 분'이 내게 계시네.

전에는 치유를 찾았으나

지금은 그분만을 찾고 있네.

옛날에는 고통스럽게 애썼지만

현재는 온전히 신뢰하네.

옛날에는 반쪽 구원이었으나

현재는 최고의 구원이라네.

과거에는 끊임없이 붙들었지만

지금은 그분이 나를 굳게 붙드시네.

과거에는 늘 표류했지만

지금은 닻을 내렸다네.

전에는 바쁘게 계획했지만

현재는 신뢰하며 기도하네.

전에는 불안에 떨며 걱정했지만
현재는 그분이 돌보시네.
한때는 내가 원하는 것이 중요했지만
이제는 예수님의 말씀이 전부라네.
전에는 주시기를 자꾸 구했으나
지금은 쉼 없이 찬양하네.

전에는 내가 일했으나
앞으로는 그분이 일하실 것이네.
전에는 그분이 내 일을 해주시길 바랐지만
지금은 내가 그분의 심부름꾼이라네.
이전에는 능력을 원했으나
이제는 능력 있는 그분을 원하네.
과거에는 나 자신을 위해 수고했으나
지금은 오직 그분을 위해 수고하네.

옛날에는 예수님 안에서 바라기만 했으나
지금은 그분이 내 주님이심을 안다네.
전에는 내 등불이 꺼져갔지만

이제는 밝게 빛나네.

과거에는 죽음을 기다렸으나

현재는 그분의 오심을 환영하네.

그리고 내 소망의 닻은

쇠고리에 안전하게 걸려 있다네.

_A. B. 심슨(A. B. Simpson)

〈오직 그분!〉

09

하나님 앞에 함께 누리는 교제

"우리가 마음에 뿌림을 받아 악한 양심으로부터 벗어나고 몸은 맑은 물로 씻음을 받았으니 참 마음과 온전한 믿음으로 하나님께 나아가자 또 약속하신 이는 미쁘시니 우리가 믿는 도리의 소망을 움직이지 말며 굳게 잡고 서로 돌아보아 사랑과 선행을 격려하며 모이기를 폐하는 어떤 사람들의 습관과 같이 하지 말고 오직 권하여 그 날이 가까움을 볼수록 더욱 그리하자"(히 10:22-25).

히브리서 10장 22-25절에서 우리는 성경의 네 가지 교훈을 보게 된다. '나아가자'(22절), '믿는 도리의 소망을 굳게 잡자'(23절), '서로 돌아보자'(24절), '모이기를 폐하지 말자'(25절). 여기서 '~하자'라는 말에는 '힘내서 ~해야 한다'라는 뜻이 들어 있다. 이것은 우리의 특권과 의무가 무엇인지를 보여주면서 동시에 절박하게 권면하는 말이다.

이 권면의 말에는 우리가 대가를 치르지 않으면 영적 진보를 이룰 수 없다는 의미가 담겨 있다. 영적 여행에 무임승차는 안 된다. 우리 영혼의 영적 기능들을 적극적으로 훈련해야 비로소 영적 진보가 가능해진다. 시간이 흐르면 저절로 좋아질 것이라는 희망은 금물이다. 이제까지 시간은 누구도 도와주지 않았고 앞으로도 돕지 않을 것이다. 시간은 우리 스스로 노력하거나 하나님의 도움을 구할 수 있는 기회를 제공할 뿐이다. 이제까지 시간의 도움을 받은 사람은 아무도 없다.

하나님의 초대장에 응답하라

'나아가자'라는 말에는 우리가 무엇인가를 해야 한다는 뜻이 내포되어 있다. 그런데 비유를 좀 바꾸어보자. 인간을 상대로 이루어지는 하나님의 행하심이 '은혜의 바다'에서 이루어지고 '은혜의 반석' 위에서 견고히 세워지는 것은 사실이지만, 그렇다고 해서 인간의 의지(意志)가 마비되거나 우리가 영적 노력을 면제받는 것은 아니다. 성경이 '나아가자'라고 권면하는데, 우리가 나아갈 방향은 물론 하나님이 계신 곳이다. 정말 기쁘고 기쁜 소식은 우리가 그분께 나아갈 수 있다는 것이다! 인간이 하나님께 다시 갈 수 있다는 것이야말로 복음의 희소식이다! 그분의 준엄한 명령에 따라 에덴동산을 떠나야 했던 인간이 이제 다른 많은 이들과 함께 그분 앞으로 돌아갈 수 있다! 그런데 이것이 물리적 의미에서 그분께 나아간다는 뜻은 물론 아니다.

하나님께 나아간다는 것이 물리적으로 먼 거리에 계신 그분에게 도달한다는 의미가 아님을 아는 것은 매우 중요하다. 하나님을 찾아 순례의 길을 가는 것이 지도상의 먼 곳에 계신 그분을 찾아가는 것이라고 생각하는 사람들이 많다. 이런 사람들은 그곳에 가까이 가면 그분께 가까이 가는 것이고, 그곳에서 멀어지면 그분에게서 멀어지는 것이라고 생각한다. 그러나 그것은 매우 잘못된 생각이다. 그분은 우리에게서 멀리 계시지 않다. 여기에 계시다. 그분께 가까이 간다는 것은 물리적 의미에서 가까이 간다는 뜻이 아니라, 두 영적 존재가 직접적인 관계를 풍성히 즐긴다는 뜻이다. 이것은 마음속 깊은 곳끼리 소통하는 신뢰와 사랑의 관계이다.

당신 인생의 시간 중 한 주(週)가 흘러갔지만 하나님께 가까이 가기 위해 한 일이 하나도 없다면, '하나님께 가까이 나아가자'라는 말씀에 순종하지 않은 것이다.

우리는 믿음으로 산다

성경의 두 번째 권면은 "믿는 도리의 소망을 굳게 잡자"(23절)라는 말씀이다. 우리는 한 방의 영적 경험을 통해 저 높은 곳으로 날아올라 구름처럼 둥둥 떠다녔으면 좋겠다고 생각한다. 그러나 궤도에 올라 '이제 궤도 안으로 들어왔으니 아무것도 하지 않고 궤도를 타고 빙빙 돌기만 하면 되겠구나!'라는 식의 생각은 금물이다. 천국은 그런 식으로 가는 것이 아니다.

언젠가 나는 신발 광고를 하나 보게 되었다. "이 신발을 신으면 하늘을 날 듯 돌아다닐 수 있습니다"라는 광고였다. 사람들은 그리스도인의 삶이 이런 식으로 돌아간다고 생각한다. 회심하고 복을 받았으니 남은 생애 동안은 하늘을 날 듯 흘러간다는 것이다! 하지만 그런 것은 없으니 꿈 깨라.

물론 나는 저 위 어딘가에 '바퀴 안에 바퀴'(겔 1:16)가 있다는 것을 잘 안다. 그러나 그리스도인들은 아직 그곳에 도달하지 않았다. 우리가 어떤 것에 올라타고 천국에 가는 것이 아니다. 천국에 이르는 딱 한 가지 방법은, 바로 걷는 것이다! 믿음으로 걷는 것 말이다! 간단하지 않은가? 주님이 가르쳐주신 것은 믿음의 비행(飛行)이나 믿음의 유람(遊覽)이 아니라 믿음의 걷기이다.

믿음의 여행을 중도에 그만두고 싶은 유혹은 누구에게나 찾아온다. 어떤 이들은 그리스도인의 삶을 전부 포기하고 완전히 끝내고 싶은 유혹에 시달린다. 나는 당신이 이런 유혹에 시달리는 것에 대해 깊은 죄의식을 느낄 것이라고 추측한다. 아니, 아마 틀림없이 당신은 죄의식을 느낄 것이다. 하지만 내 위로의 말을 들어보라. 그런 유혹은 당신만 느끼는 게 아니다! 지치고 힘들 때 하나님의 사람들은 이런 유혹을 느꼈고, "이렇게 애쓰고 힘쓰는 게 무슨 소용이 있나? 내가 하고 싶은 대로 할 수 없고, 하나님을 섬기고 싶은 대로 섬길 수 없는데…"라고 말했다. 사람들은 영적 여행을 중단하고픈 유혹을 느끼지만 그런 마음을 털어놓기를 부끄러워한다.

만일 사람들의 간증이 가장 밑바닥까지 솔직해진다면 그들은 자리에서 일어나 "내가 믿음으로 굳건히 버티도록 기도해주십시오"라고 말하는 대신 "지난주에 믿음생활을 다 포기하고 싶은 유혹이 찾아왔지만 주님이 도와주셔서 이겨냈습니다"

라고 고백할 것이다. 이런 고백이 솔직한 것이지만 그렇게 하는 건 좀 힘들다. 속마음을 터놓지 않은 채 친구 관계를 만들고 사람들에게 영향을 주라고 교육받았기 때문이다.

우리가 받은 교육은 자기의 생각을 솔직히 말하는 대신 '마땅히 말해야 할 것'을 말하라는 것이었다. 그러나 때로 우리의 마음을 짓누르는 중압감이 너무 크기에 우리는 엘리야처럼 하나님을 우러러보며 "하나님, 이제는 지쳤습니다. 아버지, 다 소용 없습니다. 저를 취하소서. 제게 도움을 주는 사람이 주변에 하나도 없습니다"라고 호소하고 싶은 심정이 된다.

우리가 때로 이런 지경에 이르는 것이 사실이지만 낙심하지 마라. 당신을 위한 한 가지 좋은 비법이 있다. 나는 원래 비법 같은 것을 즐겨 말하는 사람이 아니지만, 지금은 믿는 도리의 소망을 굳게 잡는 비법을 한 가지 말해주겠다. 이것이 아주 실제적이고 평범한 것이기 때문에 당신을 실망시키겠지만, 그래도 꽤 효과적이다.

내 비법은, 당신의 어려움을 '버텨내라'는 것이다! 나도 이제까지 많은 것을 버텨냈고, 나를 좋아하지 않는 많은 사람들을 참아냈다. 결국 나는 나를 괴롭히는 것들보다 더 오래 살아냈다. 당신도 지긋지긋하게 힘든 것들을 견뎌내라. 계속 버텨라.

　이웃집 사람이 밤낮으로 문을 쾅쾅 여닫고 텔레비전의 볼륨을 자꾸 올려서 당신의 방 안까지 들리기 때문에 "오, 하나님! 어쩌면 좋습니까?"라는 기도가 저절로 나오는가? 견뎌내라. 그 사람보다 오래 살아라. 그가 언젠가는 이사갈 것이니 지금 있는 곳에서 계속 버텨라.

　또 다른 이웃집 사람의 개가 끝없이 짖어대는가? 신경 쓰지 말고 죽은 듯이 지금 있는 곳에서 살아라. 밀고 나가라. 하나님이 그 사람을 다른 곳으로 옮기시면 더 이상 개 짖는 소리가 들리지 않을 것이다. 포기하고 싶은 유혹을 느끼게 하는 다른 모든 것들의 경우에도 역시 버텨라.

　직장의 직속상사가 힘들게 해서 출근이 몹시 부담스러운가? 직장의 일이 힘든 것은 아니지만 상사 때문에 직장을 옮기려고 여기저기 알아보았는데 마땅한 자리가 없는가? 하나님과 동행하는 생활을 고집스러울 정도로 밀고 나가라. 그러면 머지않아 무슨 일이든 일어날 것이다. 당신의 상사가 다른 도시로 전근을 가거나, 승진해서 다른 부서로 옮기거나, 당신을 긍정적으로 바라보기 시작하거나, 아니면 막혀 있는 문제 자체가 해결될 지도 모른다. 계속 버텨라. 그래도 하나님과 동행한다면, 죽지 않을 테니 걱정 마라.

하나님의 말씀은 단지 '굳게 잡자'라고 말하는 것이 아니라 '믿는 도리의 소망을 굳게 잡자'라고 말한다. '믿는 도리의 소망'이 우리 삶의 여러 부분에 적용될 수 있으므로 참고 견뎌라. 그러면 좋은 결과가 있을 것이다.

사랑받는 한 노(老) 형제가 있었다. 교육을 많이 받은 사람은 아니지만 사랑받는 성도였던 그는 자기가 좋아하는 성경의 표현이 '(어떤 일이) 일어났다'(It came to pass)라는 것이라고 말했다. 그의 간증을 들어보자.

"어려운 일이 일어나면 나는 단지 하나님을 우러러보며 '아버지여, 이런 일이 일어났습니다'라고 말씀드립니다. 그러면 얼마 후에 그 일이 지나가버립니다(pass). 그렇습니다! 우리에게는 문제들이 일어나지만 언젠가는 지나가버립니다. 묵묵히 살아가면 그것들보다 더 오래 살게 됩니다."

사랑과 선행을 서로 격려하자

히브리서의 또 다른 권면은 "서로 돌아보아 사랑과 선행을 격려하며"(24절)라는 말씀에 담겨 있다. 우리에게는 다른 이들에 대해 중대한 책임이 있다. 하나님은 그들의 안녕과 행복을 우리의 어깨 위에 얹어 놓으셨으므로 장차 그에 대한 책임을 우리에게 물으실 것이다.

내가 볼 때, 성경 전체에서 발견되는 가장 뻔뻔스럽고 냉소적인 말은 "내가 내 아우를 지키는 자니이까"(창 4:9)라는 가인의 말이다. 자기의 아우 아벨을 죽인 후에 그의 입에서 튀어나온 이 말에는 "내 아우에 대해 왜 내게 묻습니까? 내 인생이 그의 인생까지 책임져야 합니까?"라는 뜻이 들어 있다. 그러나 우리의 인생이 다른 이들의 인생도 책임져야 한다. 모든 이들 앞에서 우리의 삶과 행동과 말에 대해 책임을 져야 한다. 다른 그리스도인들이 믿음으로 행하도록 계속 권면하고 설득하고 격려해야 한다.

어떤 그리스도인은 다른 그리스도인들에게 나쁜 영향을 미친다. 어떤 신앙인은 다른 신앙인들과 친해지지만 좋지 않은 영향을 주기 때문에 그와 함께 있는 이들은 힘써 노력해야만 겨우 영성의 수준을 유지해 갈 수 있다. 이런 사람은 다른 이들을 영적으로 끌어내리고 있는 것이다.

반면, 보기 드문 경우이긴 하지만 어떤 그리스도인은 옆에 있기만 해도 신앙적으로 좋은 영향을 주기 때문에 주변 사람들은 그를 보며 더 훌륭한 신앙인이 되어야겠다고 결심하게 된다. 이런 진귀한 신앙인은 "서로 돌아보아 … 격려하며"라는 교훈을 실천하고 있는 셈이다. 여기서 '격려한다'라는 것은 물론 사랑과 선행을 행하도록 격려한다는 뜻이다.

모이기를 폐하지 말자

네 번째 권면은 "모이기를 폐하지 말자"(25절)라는 것이다. 사도적 성회, 즉 교회를 사모하는 마음이 없어졌다는 것을 말해주는 뚜렷한 특징이 있다면, 그것은 교회 출석에 문제가 생기는 것이다. 교회 출석이 문제가 된다면 무엇인가 단단히 잘못된 것이다. 신앙인의 모임이 너무 지루한 것으로 느껴지기 시작할 때 우리는 많은 이유를 붙인다. 그러나 사실 원인은 딱 하나인데, 그것은 우리의 심령이 냉랭해졌다는 것이다.

그리스도인들이 이제까지 항상 해왔던 것은 함께 모여서 예배하고, 기도하며, 과거의 은혜를 추억하고, 미래의 은혜를 기대하며, 성경의 뜻을 살피고, 거룩한 찬송가를 부르며, 간증하는 것이었다. 이것은 오순절 성령강림 때부터 지금까지 해온 것이다. 그리스도인이 된 사람이 신자들의 모임에 강하게 끌리지 않는다면 그 사람에게 문제가 생긴 것이다.

교회는 성회, 즉 하나님의 교회인데 우리가 모임을 갖는 데에는 몇 가지 이유가 있다. 우리가 모이는 것은 단지 습관적인 행사가 아니다. 차마 거부할 수 없는 관습이 되어버렸기 때문에 교회에 모이는 것이 아니라 분명한 이유들이 있기 때문에 그러는 것이다.

그리스도인들의 본성은 함께 모이는 것이다. "사도들이 놓이매 그 동료에게 가서"(행 4:23)라는 말은 하나님 백성의 특징을 잘 보여준다. 물론 죄인들의 특징을 보여주는 말이기도 하다. 사람들은 언제나 자기와 비슷한 사람들이 모이는 곳에 가는데, 그리스도인들도 그렇게 하는 것이 정상이다.

정글의 동물들은 물을 마시러 가는 웅덩이에서 모두 모인다. 정글에서는 죽도록 싸우지만 이 물웅덩이에만 오면 이상하게도 휴전이 성립된다. 물이 있는 곳이라면 모두 모이는 것이 그것들의 습성이다. 하나님의 백성도 물웅덩이에서 모인다. 그곳에 생명의 샘이 있기 때문이다. 이것은 그들의 본성이다. 양치기들은 무리에 합류하기를 좋아하지 않는 양이 생기면 그 양이 병들었다고 판단한다. 병든 양은 혼자 수풀 뒤에서 방황하다가 죽지만, 건강한 양은 다른 양들이 있는 곳으로 가기를 좋아한다.

그리스도인들이 모이는 또 다른 이유는 서로가 서로에게 필요하기 때문이다. 분명히 말해두지만, 다른 신앙인들이 내게 필요 없다고 느낄 때야 말로 그들이 정말로 내게 필요한 때이다. 개인으로서의 신앙인에게는 신앙 모임이 필요하다. 하나님은 한 사람의 신앙인에게 말씀하실 수 없는 것을 신앙인 모임에 말씀하실 수 있다. 물론, 그 반대로 집단에게 말씀하실 수 없는 것을 외롭게 기도하는 개인에게 말씀하실 수도 있다.

만일 당신의 신앙이 설교자의 설교에 의존해야 한다면, 당신은 마땅히 있어야 할 곳에서 멀리 떨어져 있는 것이다. 영혼의 샘물까지 연결된 개인적 파이프가 당신에게 없다 할지라도, 당신에게 목회자가 없다 할지라도, 지난 1년 동안 설교를 듣지 못했다 할지라도, 당신이 직접 그 샘물에 갈 수 있다면 당신에게는 닻(뿌리)이 있는 것이기 때문에 하나님께 생수를 받아 마실 수 있다. 그러나 이 경우와 반대되는 경우도 성립된다. 이와 반대되는 경우란, 하나님께서 홀로 있는 당신에게 말씀하실 수 없는 것을 교회 안에서 당신에게 말씀하실 수 있다는 것이다.

하나님은 어떤 사람을 산 위로 불러서 그에게 말씀하신 다음에 그를 다시 그분의 백성이 모인 곳으로 보내실 수 있다. 하지만 산 위에서 그에게 말씀하실 수 없었던 것을 그분의 백성이 모인 곳에서 그에게 말씀하실 수도 있다. 그러므로 우리가 골방에 들어가 문을 닫고 개인기도를 해야 하지만, 우리의 개인기도는 공중기도에 의해 수정되고 균형 잡혀야 한다. 우리는 혼자 성경을 읽어야 하지만, 또 공중집회의 성경강론도 들어야 한다. 그리스도께서도 정기적으로 회당에 가셨다.

사람들은 내게 편지를 써서 이런 식으로 말한다.

"토저 목사님, 내가 사는 도시에는 복음주의 교회가 하나도 없습니다. 거듭난 그리스도인인 내가 어떻게 해야 합니까?"

이런 사람들에게 나는 답장을 써서 예수님도 습관적으로 회당에 가셨다는 것을 상기시킨다. 지금으로 말하자면, 그분은 교회에 가는 습관이 있으셨다. 아마 회당에서 듣는 메시지의 많은 부분에 동의하지 않으셨겠지만, 그래도 가셨다. 적어도 본질적으로는 하나님을 경배하는 무리와 함께 있기를 원하셨기 때문이다.

그러므로 모임에 나가라. 주님이 그분의 방법으로 인도하심으로 당신은 진리를 듣게 될 것이다. 그분이 모임에 나가셨으므로 우리도 나가야 한다. 그분은 그분의 이름으로 두세 사람이 모이면 특별한 복을 베풀겠다고 약속하셨다(마 18:20). 하나님의 사람들이 모이는 것은 역사적 전통이다.

모이는 데는 이유가 있다

당신이 러시아에 갔는데 그곳의 이런저런 것들이 마음에 들지 않는다고 가정해보자. 러시아의 공산주의 체재나 비밀경찰 같은 것도 싫고, 마음에 드는 것이 하나도 보이지 않는다. 그러던 어느 날 시골길을 걷는데 버려진 것처럼 보이는 작고 낡은 건물이 하나 눈에 띈다. 그 옆을 지나가는데 어떤 소리가 들린다. 당신의 머릿속에 '저것은 영어인데…, 노래를 부르고 있잖아?'라는 생각이 스친다. 가까이 다가가 문에 이르자 그들이 무슨 노래를 부르는지 구별이 된다. 〈갓 블레스 아메리카〉(God Bless America: 1918년 어빙 베를린이 만든 미국의 애국적 노래로서 미국에 하나님의 복과 평화가 임하기를 구하는 기도의 형태로 되어 있다)를 부르고 있다! 살짝 들여다보니 온통 미국 사람들이다.

러시아의 이곳저곳에서 찾아온 미국인들이 그곳에 모여 짧은 시간이나마 모임을 갖고 있었던 것이다. 문을 열고 들어가니 20-30명 정도가 옹기종기 모여 있다. 당신이 만면에 미소를 띠고 불쑥 들어서자 그들 중 일부가 당신을 알아본다. 당신과 그들은 이내 함께 찬송가를 부른다. 당신을 소개할 기회가 주어지자 당신이 입을 연다.

"반갑습니다. 나는 시카고에 살았습니다. 여러분은 시카고의 이러이러한 곳에 가본 적이 있나요?"

대양을 건넌 곳에서, 눈이 많이 내리는 저 먼 대륙에서 당신은 사람들과 사귐을 갖는다. 얼마나 기쁜 일인가! 모임이 끝나자 당신은 "이제 나는 저 피곤한 곳으로, 비밀경찰의 감시의 눈이 번득이는 곳으로 돌아가야 합니다. 하지만 다음 주에 다시 봅시다"라고 말하며 악수를 나눈 후 헤어진다.

당신이 그 시골의 작은 집에서 만난 사람들을 기뻐하는 것은 지극히 당연하다. 그들을 알고부터는 그 모임을 생각하며 힘을 얻어 한 주간을 버티게 될 것이다. 평일에 당신은 스스로에게 이렇게 말하게 될 것이다.

"내가 알지도 못하고 좋아하지도 않는 언어를 말하는 사람들, 나를 의심의 눈초리로 바라보는 사람들이 있는 여기에서 어쩔 수 없이 평일을 보내야 한다. 이런 곳이 정말 싫다. 하지만 주말의 복된 시간을 생각하며 버틴다. 주말이 되면 그 작은 건물로 돌아가 친구들과 함께 앉아 이야기꽃을 피우고, 과거를 회상하며 좋은 노래를 부를 수 있을 것이니 얼마나 좋겠는가!"

당신이 이렇게 말하는 것은 아주 당연한 것이다. 러시아에서 미국인 친구들의 모임에 참석하는 것을 즐거워하는 것은 전혀 잘못된 것이 아니다. 우리 그리스도인들은 하나님의 통치를 인정하지 않는 세상, 그분을 몰아낸 세상, 그분을 완전히 버렸거나 적어도 거의 다 버린 이 거대한 죄악의 세상에서 살아가는 소수의 무리이다.

한 주 동안 우리는 학교에 가고, 직장에 나가고, 물건을 사고팔고, 가게를 경영하고, 트럭을 운전하는 등 여러 가지 일을 하지만, 죄악의 세상이 가하는 무언의 압력 가운데 지낸다. 하지만 우리와 생각이 똑같고, 우리의 마음을 이해해주고, 우리가 사랑하는 것을 사랑하고, 서로 얼굴을 알고, 서로 어떤 사람인지를 알고, 기쁘게 악수하며 미소 짓는 사람들이 모이는 곳이 어디인지를 안다. 그렇기 때문에 몸이 아파서 어쩔 수 없는 경우를 제외하고는 매번 교회에 가는 것이다.

나는 하나님의 백성을 사랑한다. 때로는 어쩔 수 없이 그들을 책망하기도 하지만 그들을 사랑한다. 교회를 사랑한다. 하나님의 나라를 사랑한다. 그런데 어떤 사람이 가물에 콩 나듯 또는 간헐적으로 교회에 나가면서 "나는 나무들 아래에서도 하나님을 섬길 수 있습니다"라고 말한다면, 그것은 자기의 냉랭한 마음을 감추는 상투적인 말이고 눈가림이며 핑계일 뿐이다.

성도들의 모임을 사모하는 마음을 잃어버린 그리스도인은 대개의 경우 자기를 합리화한다. 목사, 교회의 음악, 성도들의 불친절, 교회 안의 위선자들, 심지어 교회 건물을 트집 잡는다. 그러나 사람은 자기와 똑같은 마음을 가진 사람들에게 끌리고 그들과 함께하는 법이다. 남편은 교회 가기를 싫어하며 이런저런 핑계를 대지만, 아내는 즐거운 마음으로 차를 몰고 교회로 가서 성도들과 어울리는 경우를 보게 된다. 왜 그녀는 그토록 열심인가? 그녀와 똑같은 사람들을 알아보고 그들을 사랑하기 때문이다.

나는 그리스도의 교회를 사랑한다. 교회를 사랑하고 책망하고 먹이고 교회에게 경고하고 교회를 위해 기도하라는 사명을 받았다.

함께 모일 때 누리는 기쁨

히브리서 10장의 네 가지 권면을 정리하면 이렇다. '하나님께 나아가자', '믿는 도리의 소망을 굳게 잡자', '(서로를 도와야 하는 책임을 다하기 위해) 서로 돌아보자', '(성도들이 모인 곳이 세상에서 가장 즐거운 곳이므로) 모이기를 폐하지 말자'.

우리가 하나님에 대해 듣기 원하는 사람들에게 그분에 대해 이야기한다 할지라도, 비밀경찰이 득달같이 달려와 우리를 체포해 유죄판결을 내리는 일이 이 나라에서는 일어나지 않는다. 이런 자유의 나라에 사는 것을 하나님께 감사하자. 우리가 누리는 자유에 대해 그분께 감사하자. 이 자유를 팔아넘기지도 말고 소홀히 다루지도 말자. 이 자유를 선용해 하나님 백성의 모임에서 그분을 경배하자.

하나님의 백성이 모여서 드리는 예배는 그분의 임재를 사모하는 개인들이 모여서 한마음, 한 뜻으로 만들어낸 합작품이다. 하나님은 이런 예배를 기뻐하시기 때문에 이런 사람들과 기꺼이 함께하신다. 우리 신자들이 모여 그분의 임재를 즐거워할 때 그분은 우리가 개인적으로 체험한 것들을 서로 나눌 수 있게 해주신다.

환하게 빛나는 옷을 입은
만만(萬萬)의 사람들,
속량 받은 성도의 큰 무리가
빛의 언덕 위로 모이네.
끝났도다! 다 끝났도다!

죽음과 죄를 상대한 그들의 싸움이 끝났으니
금문(金門)을 활짝 열어
승리자를 들여보내라.

천지를 가득 채우는
끝없는 할렐루야 외침이여!
임박한 승리를 알리는
천 개의 하프 소리여!
오, 그 날이여!
그 날을 위해 세상과
그 모든 민족들이 지음 받았도다.
기뻐할지니
옛날의 고난에 대해
천 배나 보상 받았도다!

오, 그때,
가나안의 복된 해변에서
뛸 듯이 기뻐하며 반길 것이라.
더 이상 이별이 없는 그곳에서,

갈라진 우정이 다시 봉합되리라.

오, 그때,

얼마 전까지 눈물이 가득했던 눈이

기쁨으로 빛나리라.

고아들에게 아버지가 생기고

과부의 외로움이 다시는 없으리라.

_헨리 올포드(Henry Alford)

〈만만의 성도〉

하나님의 임재를
방해하는 것

"우리가 진리를 아는 지식을 받은 후 짐짓 죄를 범한즉 다시 속죄하는 제사가 없고 오직 무서운 마음으로 심판을 기다리는 것과 대적하는 자를 태울 맹렬한 불만 있으리라"(히 10:26,27).

위의 구절은 많은 이들에게 오해를 받았고, 일반적으로 잘못 해석되어 왔다. 언뜻 보면 이 구절이 성경의 나머지 부분과 일치하지 않는 것처럼 보이지만 실상은 완벽히 일치한다. 우리가 기억해야 할 것은 성경의 어떤 한 구절이 다른 구절과 모순되는 것처럼 보인다 해도 실제로는 전혀 그렇지 않다는 것이다. 모순은 우리의 마음 안에 있다. 아직 충분한 빛을 받지 못했기 때문이다. 충분한 빛이 주어지면 여기에 아무 모순도 없다는 것을 깨닫게 될 것이다.

잘못된 성경 이해가 주는 해악

무책임한 설교자들은 주님의 백성 중 어떤 이들에게 겁을 주기 위해 히브리서 10장 26,27절을 마치 곤봉처럼 휘둘러왔다. 예민하고 심하게 겁먹은 주님의 백성은 이 구절을 자기들에게 잘못 적용해 고통에 빠졌다. 이와 같이 어떤 이들은 이 구절을 오용해서 다른 이들에게 해악을 끼쳤고, 또 어떤 이들은 자기 자신에게 이 구절을 잘못 적용했다. 더욱이 사탄, 즉 마귀는 이 구절을 이용해 하나님을 중상한다. 그분이 예측 불가능하고 불합리하며 변덕스런 기분에 따라 통치하는 성마른 폭군이라는 인상을 퍼뜨리기 위해 이 구절을 악용한다.

또한 마귀는 이 구절을 이용해 사람들의 양심을 덫에 걸리게 한다. 성경의 구절들 중에서 사람들이 가장 의문을 느끼며 질문하는 구절이 바로 이 구절일 것이다. 대개의 경우, 정직하고 아주 진지한 사람들이 마치 덫에 걸려드는 것처럼 이 구절에 걸려든다. 자유로운 양심은 우리를 회개로 이끌 수 있지만,

덫에 걸러든 양심은 오직 절망만을 낳는다. 사탄은 하나님의 사람들을 덫에 걸리게 하고자 이런저런 성경구절을 이용한다. 혹시 당신은 "성경구절이 어떻게 덫으로 사용될 수 있는가?"라고 묻고 싶은가? 그렇다면 베드로의 말을 들어보라.

"또 우리 주의 오래 참으심이 구원이 될 줄로 여기라 우리가 사랑하는 형제 바울도 그 받은 지혜대로 너희에게 이같이 썼고 또 그 모든 편지에도 이런 일에 관하여 말하였으되 그중에 알기 어려운 것이 더러 있으니 무식한 자들과 굳세지 못한 자들이 다른 성경과 같이 그것도 억지로 풀다가 스스로 멸망에 이르느니라"(벧후 3:15,16).

여기서 베드로가 말하는 '무식한 자들'은 대학에 다닌 적이 없는 사람들을 가리키는 것이 아니라 성경을 깊이 있게 알지 못하는 사람들을 의미한다. 이런 사람들은 양심의 고통을 느끼며 스스로 자책하다가 성경구절 때문에 절망에 빠진다. 이들을 이렇게 만드는 자가 누구인지 나는 잘 안다. 바로 사탄이다!

그러다 보니 많은 탕자들이 성경구절에 막혀 집으로 돌아오지 못한다. 만일 어떤 사람이 누가복음 15장에 나오는 탕자에게 "히브리서 10장 26,27절에 의하면, 자기 아버지의 집을 떠나 먼 나라로 간 사람을 위한 속죄의 희생은 더 이상 없습니다"라고 말했다면, 탕자는 결코 집으로 돌아오지 않았을 것이다. 누가복음 15장이 보여주듯이 성실하지는 않다 해도 예민한 사람이라고 할 수 있는 탕자는 히브리서의 메시지를 오해하여 아버지의 집으로 돌아오지 않았을 것이다.

이 구절 때문에 생기는 또 다른 현상이 있는데, 그것은 사람들이 중요한 진리에서 관심을 돌려 작은 진리에 몰두하다가 논쟁과 감정적 불화에 빠지게 된다는 것이다. 예수님의 산상설교의 전체 메시지는 대수롭지 않게 여기면서 오히려 이 구절 하나에 매달려 논쟁을 벌이는 현상을 볼 때 나는 놀라지 않을 수 없다. 마귀와 일부 사람들은 이 구절을 잘못 이해하고 해석하고 적용함으로 하나님의 사람들에게 해악을 끼쳐왔다.

하나님의 사랑을 신뢰하고 읽으라

나는 언제나 하나님 백성의 편에 선다. 내가 그들 편에 서지 않는 것 같은 인상을 주는 경우들이 때로 생기는데, 그것은 내가 그들에게 엄격하기 때문이다. 내가 엄격한 것은 가장(家長)이 자녀들에게 엄격한 것과 같은 이치이다.

가장은 자녀들에게 엄격하지만 사실 그들을 죽도록 사랑하고 그들을 매우 자랑스럽게 여긴다. 나는 하나님의 사람들을 매우 자랑스럽게 여기고, 그들과 함께 있는 것을 매우 기뻐하며, 그들이 하나님의 자녀라는 것을 인정한다. 하지만 그들이 나쁜 습관이나 행동을 많이 보이면 그냥 모른 체 할 수 없기 때문에 엄격해진다. 그런데 내 엄격함 속에는 미소가 있다. 설교할 때마다 내 마음에는 미소가 있다. 내가 교회의 한 부분이라는 것을 기뻐하는 마음이 없이 설교한 적은 한 번도 없다.

히브리서 10장 26,27절은 "우리가 진리를 아는 지식을 받은 후 짐짓 죄를 범한즉 다시 속죄하는 제사가 없고 오직 무서운 마음으로 심판을 기다리는 것과 대적하는 자를 태울 맹렬한 불만 있으리라"라고 말한다. 그렇다면 우선, 이 구절이 의미하지 않는 것이 무엇인지를 생각해보자. 이것을 알게 되면, 이 구절이 의미하는 것이 무엇인지를 아는 것이 훨씬 더 쉬워진다.

이 구절은 "복음을 듣기 전에 지은 죄들만 용서받을 수 있다"라는 의미가 아니다. 이 구절은 "당신이 복음을 듣고 빛을 받은 후에 짐짓 죄를 범하면 더 이상 구원의 기회가 없다"라는 의미가 아니다. 이 구절이 "복음을 받아들일 기회는 딱 한 번뿐이므로, 과거에 복음을 듣고도 회심하지 않고 죄를 계속 지었다면 이제 더 이상 속죄의 제사가 없다"라는 것을 의미하지는 않는다. 이런 것들은 이 구절을 잘못 해석한 것이다. 성경의 다른 모든 부분과 모순되고 하나님의 오래 참음과 인내와도 맞지 않기 때문이다.

복음을 처음 들었을 때 회심하는 사람이 얼마나 많을까? 두 번째 들었을 때, 세 번째 들었을 때, 열 번째 들었을 때 회심하는 사람은 얼마나 많을까? 어떤 이들은 주일학교에서 복음에 대해 오랜 세월 배운 후에 회심한다. 또 어떤 이들은 자신도 깨닫지 못한 복음을 전파하는 데 힘쓰고 해외선교기관에 헌금을 내다가 어느 날 하나님께 굴복하고 예수 그리스도를 구주와 주님으로 영접한다.

어떤 이들은 히브리서 10장 26,27절과 '한 번 빛을 받고 타락한 자들'에 대해 언급하는 히브리서 6장 4절을 결합하여 이런 해석을 내놓는다.

"한 번 복음을 듣고 깨달아 믿음을 가졌다가 그 후에 죄를 지은 사람은 영원히 구원을 잃어버린다."

그러나 이런 해석이 옳다면 이 세상에 구원 얻을 사람은 한 사람도 없다. 내가 볼 때, 복음을 처음 들었을 때 회심하는 사람은 거의 없다. 어떤 이들은 오랜 세월 복음을 들은 후에야 회심한다. 그들이 하루라도 빨리 회심하기를 내가 간절히 바랐음에도 불구하고 말이다.

그러므로 히브리서 10장 26,27절이 "복음을 듣기 전에 지은 죄들만 용서받을 수 있다"라고 해석되어서는 안 된다. 만일 이 해석이 옳다면, 하나님은 그분 자신조차 행하시지 않는 것을 우리에게 행하라고 명령하시는 셈이 될 것이다. 그분은 일흔 번 씩 일곱 번이라도 사람들을 용서하라고 가르치셨다. 그분이 이런 끝없는 용서를 우리에게 요구하시고 또 우리가 그렇게 해야 한다면, 그분부터 먼저 끝없이 용서하셔야 할 것이다. 그러므로 히브리서의 이 구절에서 "복음을 듣기 전에 지은 죄들만 용서받을 수 있다"라는 해석을 이끌어내는 것은 옳지 않다. 그리스도인이 죄를 범하면 영원히 희망이 사라진다는 해석은 성경 전체의 교훈과 모순된다.

그렇다면 가장 좋은 것은 무엇인가? 그것은 주님의 사람들이 죄를 전혀 범하지 않는 것이다. 예수님은 사탄의 일을 멸하기 위해 이 땅에 오셨다. 요한일서는 "나의 자녀들아 내가 이것을 너희에게 씀은 너희로 죄를 범하지 않게 하려 함이라 만일 누가 죄를 범하여도 아버지 앞에서 우리에게 대언자가 있으니 곧 의로우신 예수 그리스도시라 그는 우리 죄를 위한 화목제물이니 우리만 위할 뿐 아니요 온 세상의 죄를 위하심이라"(요일 2:1,2)라고 말한다. 이 구절의 말씀이 그리스도인들을 상대로 주어진 것이라는 점을 생각할 때 우리는 이 말씀을 세대주의적으로 해석하여 무시해버리는 잘못을 범해서는 안 된다.

"진리의 지식을 듣고 회심한 후 짐짓 죄를 범한 사람은 사실 진짜 회심한 것이 아니다. 즉, 진리의 지식을 통해 빛을 얻은 것이 아니다"라는 주장이 옳다면, 요한일서 2장 1,2절이 왜 우리 같은 그리스도인을 상대로 쓰였겠는가?

베드로가 저주하고 맹세하며 그의 주님을 부인한 것이 우발적인 것이 아니라는 것은 분명하다. 그것은 결코 우발적인 것이 아니었다. 그는 고통스런 상황을 피하려고 비열하게 행동했던 것이다. 주님이 어려움에 처해 계심을 보았던 그는 바깥뜰에서 그와 함께 있던 자들에게서 "너도 갈릴리 사람 예수와 함께 있었도다"(마 26:69)라는 말을 들었을 때 거짓말로 위기를 모면하려고 했다. 주님처럼 어려움에 빠지기를 원하지 않았기 때문이다. 그는 편한 길을 택하는 비열함을 보였다. 그것은 악한 짓이었다. 하지만 나중에 통곡하며 회개했을 때 주님은 그를 용서하셨다. 주님이 부활 후에 제일 먼저 찾으신 사람은 바로 베드로였다. 아마도 주님을 제일 필요로 하는 사람이 베드로였기 때문일 것이다.

일부 사람들이 주장하듯이 "진리의 소식을 듣고 빛을 얻은 후 죄를 지으면 영원히 소망이 없다"라는 해석이 옳다면 베드로의 경우가 설명이 되지 않고 무수한 신앙인의 경험도 설명되지 않는다. 그렇다고 내가 신앙적으로 뒷걸음질 쳐서 영적 침체에 빠지는 사람을 옹호하는 것은 아니다. 하나님의 자녀들에게 아버지의 집을 떠나도록 조장하고 싶은 마음은 털끝만큼도 없다. 조금이라도 죄를 범하도록 부추기고 싶은 생각은 절대 없다. 오히려 육신의 정욕을 따라 살지 말고 옳은 일을 행하고 항상 성령 안에서 행하라고 격려하고 싶다. 그러나 주님의 사람들 중 어떤 이들이 신앙적으로 뒷걸음질 쳐서 영적 침체에 빠지는 일이 실제로 일어난다.

성경은 전체 안에서 해석되어야 한다

성경의 한 구절만 가지고 교리를 만들어내서는 안 된다는 것을 명심하라. 교리가 성립되려면 한 구절에만 의존해서는 안 된다. 어떤 구절을 읽었는데 그것이 어떤 주장을 확고히 한다면 당신은 그것을 교리로 삼는 것이 옳다고 믿게 되겠지만,

그렇게 해서는 진리에 도달할 수 없다. 성경의 한 구절을 보았는데 거기서 어떤 주장이 나오고, 다른 구절을 보았더니 거기서도 동일한 것을 말하고, 제3의 구절에서나 제4의 구절에서도 역시 같은 말을 한다면 그것이 진리이다.

하나님의 사랑을 예로 들어보자. 요한복음 3장 16절 하나만을 가지고 하나님의 사랑의 교리를 세우기에는 부족하다. 그러나 신명기를 보면 "여호와께서 네 조상들을 사랑하신 고로 그 후손인 너를 택하시고 큰 권능으로 친히 인도하여 애굽에서 나오게 하시며"(신 4:37)라는 말씀이 나온다. 그리고 시편과 이사야서를 보면 하나님의 사랑에 대한 언급을 보게 된다. 예언서들을 읽어보고, 그분의 사랑에 대한 이사야의 말을 들어보라. 신약성경에서도 그리스도와 사도들의 말을 읽어보면 하나님의 사랑을 알 수 있고, 요한계시록에서도 마찬가지이다.

이처럼 성경의 모든 부분에서 동일한 메시지를 볼 수 있다면 그것은 당신이 믿을 수 있는 교리이며, 언제까지나 삶과 죽음의 기초가 될 수 있는 교리이다. 그러므로 성경의 한 구절을 읽고 그것을 희망이나 절망의 근거로 삼아서는 안 된다. 하나로는 부족하기 때문이다. 교의신학이 두 구절 이상의 조화에 근거하여 세워진다는 것은 아주 기본적인 사실이다.

마귀가 예수님을 성전 꼭대기에 세우고 "뛰어내리라 기록되었으되 그가 너를 위하여 그의 사자들을 명하시리니 그들이 손으로 너를 받들어 발이 돌에 부딪치지 않게 하리로다 하였느니라"(마 4:6)라고 말했을 때 예수님은 "또 기록되었으되 주 너의 하나님을 시험하지 말라 하였느니라"(마 4:7)라고 대답하셨다. 진리는 "그들이 손으로 너를 받들어 발이 돌에 부딪치지 않게 하리로다"라는 말에 있지 않고, "그들이 손으로 너를 받들어 발이 돌에 부딪치지 않게 하리로다. 그러나 하나님을 시험하지 말라"라는 말에 있다.

하나님께서 기도에 응답하겠다고 약속하신 것은 무조건 당신의 소원대로 응답하겠다는 것이 아니다. 성경의 다른 구절들에 의하면, 당신이 그분의 조건들을 충족시키면서 그분의 뜻 안에서 구할 때 응답하신다는 것이다. 그러므로 한 구절에만 의존하지 않고 관련 성구들을 함께 고려할 때 성경의 진리를 올바로 이해할 수 있다.

다른 제사는 이제 없다

그러므로 이제 우리는 이제까지 살펴본 몇 가지 해석이 왜 히브리서 10장 26절을 잘못 해석한 것인지를 이해하게 된다. 그렇다면 어떻게 해석해야 이 구절을 제대로 이해하는 것일까?

이 구절에서 주목해야 할 두 단어는 '죄'와 '제사'이다. 여기서 말하는 죄는 불신앙의 죄이다. 여기서 언급되고 있는 죄가 하나님의 말씀을 믿지 않는 불신앙의 죄라는 것은 히브리서 전체의 메시지에 비추어보면 증명되는 사실이다. 이 죄는 앞으로 나아가기를 고집스럽게, 불만스럽게 거부하는 것이다.

구약에서 이스라엘은 하나님에 대해 불신임 투표를 했다. 히브리서 기자는 그들처럼 하지 말라고 경고한다. 여기서 '그들'은 누구인가? 그들은 사십 년 동안 하나님을 격노하게 한 자들이다. 즉 광야에서 죄를 지은 자들, 광야에서 엎드러져 시체로 변한 자들, 하나님이 맹세하사 그분의 안식에 들어오지 못하리라 하신 자들이다. 그들은 불신앙 때문에 안식에 들어가지 못했다. 근본적 불신앙이 유대인들의 문제였다. 그렇기 때문에 히브리서 기자는 "너희는 히브리인이다. 그 옛날에 제사 제도를 갖고 있으면서도 하나님을 향해 불신임 투표를 한 너희 조상의 경향이 너희 안에도 있다"라고 경고한다. 구약의 히브리인들은 제사장들이 드리는 제사 제도를 갖고 있으면서도 불신앙에 빠졌다.

구약의 모든 제사들의 진정한 목적은 예수 그리스도를 통해 성취되었다. 구약 시대에 유대인들은 제사를 통해 죄 사함을 받았다. 하지만 그 후에 다시 죄를 범하면 다른 어린양으로 제사를 지냈고, 또 죄를 범하면 또 다른 어린양을 드렸다. 그런데 이제 하나님의 사람에게는 구약의 제사가 더 이상 필요 없다고 말한다. "구약 시대로 돌아가 옛 제사들에 의지하지 마라. 그것들의 시대는 끝났다. 아무 의미가 없다. 그것들의 목적이 그리스도 안에서 성취되었기 때문이다"라는 것이다.

"율법은 장차 올 좋은 일의 그림자일 뿐이요 참 형상이 아니므로 해마다 늘 드리는 같은 제사로는 나아오는 자들을 언제나 온전하게 할 수 없느니라 … 오직 그리스도는 죄를 위하여 한 영원한 제사를 드리시고 하나님 우편에 앉으사"(히 10:1,12).

이 말 속에는 다음과 같은 의미가 들어 있다.

"그러므로 더 이상의 제사는 필요 없다. 너희가 자꾸 구약 시대로 돌아가기를 고집하며 불신앙으로 가득 차서 완고하게 반역한다 해도, 그리스도의 최종적인 마지막 제사를 지금 거부하고 너희의 제단들로 돌아간다 해도, 그 제단들은 아무런 소용이 없다. 죄를 위한 제사가 더 이상 필요 없어졌기 때문이다."

예수 그리스도의 제사가 아니면 어떤 제사도 소용없다. 불신앙 가운데 머물기를 고집하는 사람이 갈 곳은 더 이상 없다. 과거로 돌아가 다시 시작할 수 있다고 상상하지 말자. 제단을 세우고 다른 어린양을 드릴 수 있다고 착각하지 말자. 그렇게 할 수 없다는 것이 성령께서 히브리서 기자를 통해 주시는 메시지이다.

당신은 우리 모두에게 적용되는 진리를 찾는가? 그렇다면 나는 '예수 그리스도', 아니면 '영원한 멸망'이라고 말해주겠다. 우리가 그리스도에게 등을 돌리고 여전히 죄를 지으며 짐짓 불신앙의 길을 가며 그분과의 동행을 거부한다면, 우리에게는 더 이상 갈 곳이 없고 죄를 위한 제사도 없다. 히브리인들의 옛 제사들은 끝났으므로 이제 우리 주 예수 그리스도 아니면 영원한 멸망이 있을 뿐이다. 그렇기 때문에 히브리서는 그리스도를 거부하는 자들에 대해 "오직 무서운 마음으로 심판을 기다리는 것과 대적하는 자를 태울 맹렬한 불만 있으리라"(히 10:27)라고 경고한다.

숨을 곳은 없다. 사람들이 자신을 위해 가짜 피난처를 만들어내지만 그것으로 하나님의 심판을 피할 수는 없다. 예수 그리스도의 보혈을 거부하고 다른 곳에서 희망을 찾으려 한다면 (히브리서에 나오는 이 사람들은 이렇게 하고 싶은 유혹을 느꼈다), 다른 제사를 찾는 것인데 다른 제사는 더 이상 없다.

히브리서는 구약의 모든 제사들을 완전히 거부하고 오직 주 예수 그리스도의 제사를 유일한 제사로 인정한다. 의도적으로 혹은 고의적으로 죄를 범하는 죄인이 아무리 많을지라도 그리스도의 보혈이 모든 죄에서 깨끗이 씻어줄 수 있다.

그런데 짐짓 범하는 죄 말고 어떤 다른 죄가 있을까? 어떤 사람이 벌컥 화를 낸다면 그것이 의도적인 것인가? 나는 그렇지 않다고 생각한다. 그런데 그가 벌컥 화를 내며 그의 이웃을 마구 때린다면, 어디까지가 우발적(즉흥적)인 것이고 어디부터가 고의적인 것인가? 한쪽으로는 즉흥적으로 화를 내거나 색욕(色慾)에 빠지는 죄가 있고 다른 쪽으로는 그 밖의 이런저런 죄들이 있다고 할 때 하나님은 이 두 부류의 죄를 크게 구별하지 않으신다고 나는 믿는다.

만일 어떤 사람이 의도적으로 죄를 계속 범한 다음 옛 이스라엘의 제단으로 돌아가 구약의 방식으로 제사를 드리려고 한다면, 하나님의 사람은 "그렇게 하지 마라. 구약의 제단이나 제사는 더 이상 없다. 온전함으로 나아가라. 죄를 위한 영원한 제사를 드린 당신의 주 예수 그리스도를 찾으라"라고 말해줄 것이다.

우리에게 주어진 유일한 피난처

사람들이 "하나님은 사랑의 하나님이시기 때문에 우리를 지옥에 보내지 않으신다"라고 말할 때 나는 얼른 그들의 주장을 깨뜨린다. 이런 생각은 가짜 피난처가 되기 때문이다. 지옥이 없다고 주장하는 사람이 있다면 나는 그의 주장을 무너뜨릴 것이다. 이런 주장은 가짜 피난처이기 때문이다.

다른 데는 숨을 곳이 없다. 오직 어린양 예수 그리스도의 보혈에 숨어라. 그분의 보혈 밖에서는 피난처, 죄를 위한 제사, 회개, 의, 선행, 어린양이나 비둘기나 붉은 송아지를 드리는 제사 같은 것들이 전혀 무의미하다. 이런 것들은 모두 소용없다. 다른 피난처는 없다.

소심하고 예민한 사람이 자기가 하나님의 뜻대로 행하지 못했다고 느낄 때(그의 이런 느낌이 맞는 것일 수도 있고 틀린 것일 수도 있다), 한 가지 유혹이 그에게 살그머니 찾아온다. 그 유혹은 자기의 죄를 계속 마음에 담아두며 자신을 비난하고 싶은 것이다. 이런 유혹에 넘어가 고민과 자책이 병적(病的) 상태로까지 발전하도록 만드는 사람은 자기자신을 미워하고, 자신에게 유죄판결을 내리며, 자신을 용서하기를 거부하고, 하나님의 용서를 믿기를 거부하게 되어 결국에는 정신적 파멸에 빠진다.

이런 사람의 경우, 신앙이 그를 그렇게 만든 것이 아니라 자기 스스로 그렇게 만든 것이다. 신앙이 자기를 바로잡도록 허락하지 않은 것이다. 그런데 용서받을 수 없는 죄라는 것이 딱 하나 있는데, 이것은 성령의 일을 마귀에게로 돌리는 죄이다. 이것이 용서받을 수 없는 유일한 죄이다. 사람의 아들들이 지은 죄는 모두 용서받을 수 있지만, 단 한 가지 예외가 바로 이 용서받을 수 없는 죄이다. 이 죄는 히브리서 10장 26절에서 말하는 죄와 다른 것이다.

우리가 항상 기억해야 할 것은 '내가 용서받을 수 없는 죄를 지은 것이 아닌가?'라고 걱정하는 그리스도인은 용서받을 수 없는 죄를 결코 범하지 않았다는 것이다. 이 죄를 범한 사람은 자기가 이 죄를 범했다는 것을 모른다(이것은 심리학적으로도 정확한 해석이다). 이 죄를 범했을까봐 고민하는 사람이 당신 곁에 있다면 당신은 그가 이 죄를 범하지 않았다고 확신해도 된다.

성경을 보면, 이 죄를 범한 자들은 자기가 의롭다는 교만에 완전히 빠져 있었다. 만일 누군가 그들에게 "당신은 용서받을 수 없는 죄를 범했소"라고 말해주었다면 그들은 코웃음을 쳤을 것이다. 반면, 죄에 짓눌리고 슬퍼하는 불쌍한 사람들이 예수님의 발 앞에서 눈물을 흘리며 '내가 용서받을 수 없는 죄를 지은 것은 아닌가?'라고 걱정했다면 이런 이들은 결코 이 죄를 범한 것이 아니다.

혹시 당신은 자신에 대해 너무 예민하고 자신의 죄에 대해 너무 괴로워한 나머지 자기정죄(自己定罪)에 빠지고, '내가 용서받을 수 없는 죄를 지은 것이 아닌가?'라고 고민하면서 "다시 속죄하는 제사가 없고"(히 10:26)라는 구절을 당신 자신에게 적용하려고 하는가? 그렇게 하지 마라. 용서받을 수 없는 죄와 히브리서 10장 26절의 죄는 전혀 다른 것이다. 두려움과 고민에 빠진 사람은 이 두 죄를 동일한 것으로 여기기 쉽다. 그러나 쓸데없는 고민을 하지 말고 다음과 같은 간단한 판단 기준을 당신에게 사용하라.

"용서받을 수 없는 죄를 범한 것이 아닌가 하고 걱정하는 사람은 이 죄를 범한 것이 아니다. 반면, 이 죄를 범한 사람은 이 죄를 범한 것이 아닌지 걱정하지 않는다."

하나님 앞에서 우리의 지위가 어떤 것인지를 깊고 정확하게 알수록 그분 앞에서 우리의 기쁨은 커진다. 마귀는 우리가 주님 안에서 기뻐하는 것을 아주 싫어하기 때문에 온 힘을 다해 우리에게서 이 거룩한 기쁨을 빼앗으려고 애쓴다. 그리스도인이 하나님 앞에서 기쁨의 삶을 사는 것만큼 마귀의 마음을 심란하게 만드는 것은 없다.

괴로움에 빠진 가엾은 하나님의 양들이 이 사실을 알고 마음에 힘을 얻기 바라는 것이 내 마음이다. 하지만 그렇다고 해서 이 진리 때문에 그들이 해이해지는 것도 내가 바라는 것은 아니다. 그리스도인은 해이해지면 안 된다. 우리는 조심하면서 살아가야 한다. 마지막 때가 점점 다가오고 있기 때문이다.

다시 말하지만, 하나님의 선하심과 어린양의 보혈의 능력으로 인하여 기쁨과 소망으로 충만하기 원하는 우리에게 다른 속죄의 제사는 필요 없다.

적은 무리여, 두려워 마라.
그분이 그분의 양 떼를 위해
십자가에서 하늘 보좌로 올라가셨다.

죽음에서 생명으로 들어가셨다.

땅의 모든 권세와 하늘의 모든 권세가

그분께 주어진 것은

그분이 사랑하시는 무리를 위함이라.

적은 무리여, 두려워 마라.

그분이 앞서 가신다.

너희 목자께서 너희가 가야 할 길을 보이신다.

너희를 위해 마라(Marah)의 물을 달게 해주실 것이니,

그분이 겟세마네에서 쓴 잔을 모두 마시셨기 때문이라.

적은 무리여, 어떤 길을 가든지 두려워 마라.

문들이 다 닫혔어도

그분은 어느 곳이든 들어가신다.

그분은 결코 버리지 않으시고

결코 떠나지 않으신다.

그러므로

어둡고 빛이 희미해도 그분의 임재를 의지하라.

오직 믿음, 오직 믿음.

불가능 없으니 믿기만 하라.

오직 믿음, 오직 믿음.

불가능 없으니 믿기만 하라.

_폴 래더(Paul Rader)

〈오직 믿음〉

기억하고 기대하는 믿음

"그러므로 너희 담대함을 버리지 말라 이것이 큰 상을 얻게 하느니라 너희에게 인내가 필요함은 너희가 하나님의 뜻을 행한 후에 약속하신 것을 받기 위함이라 잠시 잠깐 후면 오실 이가 오시리니 지체하지 아니하시리라 나의 의인은 믿음으로 말미암아 살리라 또한 뒤로 물러가면 내 마음이 그를 기뻐하지 아니하리라 하셨느니라 우리는 뒤로 물러가 멸망할 자가 아니요 오직 영혼을 구원함에 이르는 믿음을 가진 자니라"(히 10:35-39).

하나님의 임재 체험을 계속적으로 유지하는 비결은 열심을 내는 것이다. 그분 앞에 이르는 것은 우리 싸움의 절반에 불과하다. 우리의 싸움의 가장 어려운 부분은 그분 앞에 계속 머무는 것이다. 그분 앞에서의 삶에 대한 관심을 사라지게 만들고 우리의 영적 진보를 방해하는 것들이 우리의 삶에 많이 끼어들게 마련인데, 가장 일반적인 것이 '이런저런 일로 쓸데없이 바쁜 것'이다. 그분 앞에서의 삶을 추구하는 열정의 불이 계속 타오르게 하려면 적절한 연료가 지속해서 공급되어야 한다. 그렇지 못하면 열정은 사라지게 마련이다.

어떤 일의 좋은 면이 발견되어도 그것을 인정하지 않고 오로지 그 일의 위험스런 부분만을 생각하다가 완전히 좌절감에 빠지는 그리스도인이 많다. 그러나 히브리서를 쓴 하나님의 사람은 이런 잘못을 범하지 않았고, 우리 주님도 물론 이런 잘못을 범하지 않으셨다. 우리 주님이나 히브리서 기자는 꾸짖고 연단하고 권면하고 경고하는 일을 성실히 수행하셨지만 동시에 격려도 잊지 않으셨다. 성경에 나오는 격려의 말씀 중 하나가 히브리서 10장에 등장한다.

"전날에 너희가 빛을 받은 후에 고난의 큰 싸움을 견디어 낸 것을 '기억하라'"(히 10:32. 개역개정판 한글성경에서는 '기억하라'가 '생각하라'로 번역되어 있다 - 역자 주).

이 말씀은 '기억'의 긍정적 사용을 보여준다. 기억은 우리의 어제와 오늘과 내일을 연결해준다. 과거의 일에 대한 기억이 없다면 우리는 인간이 아니고 식물(植物)일 것이다. 기억이라는 신비롭고 놀라운 것이 있기에 우리는 어제를 오늘로 만들고, 오늘을 내일로 만든다. 우리의 기억이 사물들을 연결해주기 때문에 우리의 삶은 그림 그리기 같은 것이 된다.

삶의 큰 그림을 보라

화가는 캔버스의 한쪽 구석이나 맨 아래쪽에서부터 그림 그리기를 시작하여 붓의 터치를 이어나가고, 선을 계속 긋고, 여러 색깔을 칠하고, 명암의 정도를 조절해나간다. 그림 그리기가 끝났을 때 그의 앞에 놓인 한 폭의 그림은 작업의 시작부터 끝까지 손을 놀려 캔버스에 가한 무수한 붓 터치의 결과이다.

인간의 삶도 이와 매우 흡사하다. 만일 화가가 붓 터치를 한 번하고 다음 번 터치를 위해 붓에 물감을 묻히는 사이 첫 번째 터치가 사라져버린다면 어떻게 될까? 그리고 이런 사라짐이 계속적으로 일어난다면 어떻게 될까? 그림 그리기를 끝냈다고 생각하는 순간, 화가 앞에 놓인 것은 아무것도 없는 백지 캔버스뿐일 것이다! 아무리 터치를 해도 마지막 것만 남게 되고, 그것도 그 다음 터치 때에는 사라지고 만다. 물론, 실제로 우리의 인생은 그와 같지 않다. 인생은 삶 속의 경험들이 모두 합해져서 만들어내는 축적물이기 때문에 기억의 대상이 된다. 삶 속의 경험들을 기억하는 것이 기억을 제대로 사용하는 것이다.

어떤 이들은 사도 바울이 빌립보서 3장 13절에서 '과거의 일들을 잊어버린다'라고 말한 것을 상기시키면서, 우리가 아무것도 기억해서는 안 된다고 주장한다. 그러나 이것은 사도 바울의 말을 잘못 이해한 것이다. 그 글의 문맥을 고려하지 않고 해석했기 때문이다. 문맥과 상관없이 잘못 해석된 성경 말씀은 반드시 다른 성경구절들에 비추어 교정되어야 한다. 그렇지 않으면 오류를 피할 수 없다.

예를 들어보자. 만일 당신이 성경에 나오는 '누룩'이 항상 나쁜 것만을 상징한다고 해석한다면, 그것은 말씀을 오로지 당신의 권위에 근거하여 해석하는 것이다. 그렇게 해석하면 성경의 많은 의미를 놓치게 된다.

'허물로 죽은'(엡 2:5)이라는 표현을 또 다른 예로 들어보자. 성경에는 "향락을 좋아하는 자는 살았으나 죽었느니라"(딤전 5:6)라는 구절이 있다. 성경이 '죄인은 죽은 것'이라고 가르친다고 믿는 사람들은 이 구절을 두고 이렇게 주장한다.

"죄인은 죽은 것이다. 그러므로 생각하거나 스스로 노력하거나 이성적으로 생각하거나 옳은 일을 행하기를 원할 수 없다. 선을 행하거나 회개하겠다고 결심할 수 없다. 자신의 뜻에 따라 행하시는 하나님의 주권적 행위를 통해 거듭나기 전에는 아무것도 할 수 없다. 거듭난 후에야 비로소 회개하고 믿고 그분께 돌아올 수 있다."

그러나 이런 주장은 '허물로 죽은'이라는 표현을 황당하게 해석하는 것이다. "죄인이 죄 가운데 죽었다"라는 말에 담긴 뜻은 그가 하나님에 대해, 선에 대해, 의에 대해, 천국에 대해 죽었다는 뜻이지 그의 육신이 죽었다는 의미가 아니다.

쾌락을 사랑하는 어떤 여자들이 육체적 의미에서 죽은 것은 아니다. 그들은 별로 필요 없는 이런저런 장식품을 사는 데 돈을 쓰기 때문에 약방, 옷감장수, 모자 제조업자 등 이런저런 가게들을 먹여 살린다. 툭하면 승용차를 새것으로 바꾸기 위해 남편을 들볶기 때문에 남편은 직장에서 승진하려고 허리가 휜다. 이런 여자들이 죽었다고 말할 수는 없다. 하지만 성경이 말하는 의미에서는 죽은 것이다.

'양'이라는 비유적 표현도 또 다른 예가 된다. 예수님은 "내

양은 내 음성을 들으며 나는 그들을 알며 그들은 나를 따르느니라"(요 10:27)라고 말씀하신다. 만일 이 말씀을 문자 그대로 받아들여 주님의 백성이 언제나 양이라고 생각한다면, 우리는 더 이상 인간이 아니고 양이 되어야 할 것이다. 하지만 여기서 '양'은 물론 비유적 표현이다.

바울이 잊어버린 것

"나는 … 뒤에 있는 것은 잊어버리고 앞에 있는 것을 잡으려고 … 달려가노라"(빌 3:13,14)라는 바울의 말도 마찬가지이다. 이는 "우리는 과거의 모든 것을 잊어버려야 한다. 잉크가 말라서 사라지듯이 우리의 경험의 붓 터치들이 사라지게 해야 한다"라는 뜻이 아니다. 만일 그렇게 한다면 우리의 기억은 백지 상태가 되어 경험이라는 것이 남아 있지 않게 될 것이다.

그렇다면 바울이 잊어버린 것은 무엇인가? 그는 자기가 과거에 어떤 사람이었는지를 잊으려고 노력했다. 그의 말을 들어 보자.

"그러나 나도 육체를 신뢰할 만하며 만일 누구든지 다른 이가 육체를 신뢰할 것이 있는 줄로 생각하면 나는 더욱 그러하리니 나는 팔일 만에 할례를 받고 이스라엘 족속이요 베냐민

지파요 히브리인 중의 히브리인이요 율법으로는 바리새인이요 열심으로는 교회를 박해하고 율법의 의로는 흠이 없는 자라 그러나 무엇이든지 내게 유익하던 것을 내가 그리스도를 위하여 다 해로 여길뿐더러"(빌 3:4-7).

그는 자기의 과거를 잊고 앞으로 전진했다. 어제에 대한 기억이 전진의 속도를 떨어뜨리도록 허락하지 않았다. 그렇다! 영적 진보에 도움이 되는 것은 기억하고 그렇지 못한 것은 잊는 것이 기억을 제대로 사용하는 것이다.

바울은 신앙의 전진 속도를 떨어뜨리고 영적 진보를 가로막는 것들만 잊어버렸다. 그는 그 외의 다른 것들은 기억하라고 우리에게 가르친다. 믿음의 위기가 찾아오면 과거를 기억하라. 그리스도인이 되었을 때 겪었던 고난의 싸움을 기억하라. 히브리서 10장 33-35절에 의하면 당신이 '비방과 환난으로써 사람에게 구경거리가' 되는 것이 어떤 의미에서는 당연하다는 것을 기억하라. '소유를 빼앗기는 것도 기쁘게 당한 것'(히 10:34)을 잊지 마라. 담대함을 버리지 마라. 갑자기 두려움에 사로잡혀 낙심함으로 유일한 방어 수단인 무기까지 버리고 후방으로 줄행랑치는 병사들처럼 되지 마라. 유감스럽게도, 그리스도인들도 이런 병사들처럼 약해질 수 있다.

일부 설교자들의 메시지를 들어보면 그들이 이렇게 가르치는 것 같다는 인상을 받게 된다.

"하나님께서 당신을 핑크빛 구름에 태워 천국으로 데려가시는 것이 기독교입니다. 훈련받을 필요도 없고, 이를 악물고 결심할 필요도 없고, 목표를 세우지 않아도 되고, 굳은 확신도 필요 없습니다. 언제나 감동과 감격 속에 살다보면 어느덧 천국에 이르게 될 것입니다."

그러나 성경에는 기쁨에 대한 말보다 확신, 서약, 목표, 의지, 결심 같은 것들에 대한 말이 더 많이 나온다. 주님은 세상 사람들이 악하게 살면서도 즐겁게 살 수 있다는 것을 아신다. 그러나 그분은 하나님의 뜻대로 살겠다고 단단히 결심한 사람이 악하게 살지 않으면서도 승리할 수 있다는 것도 아신다.

사탄은 하나님의 백성에게 겁을 주어 줄행랑치게 만들려고 노력한다. 그러나 하나님은 우리에게 이렇게 말씀하신다.

"너희는 풋내기 군대가 아니다. 너희 믿음의 초기에 그리스도를 위해 받은 고난이 어떤 것이었는지 기억하지 못하느냐? 너희의 고난의 큰 싸움을 기억하라. 너희가 구경거리가 되었던 것을 잊지 마라. 사람들이 동물원에서 머리 셋 달린 송아지를 바라보듯이 너희를 바라보지 않았느냐? 너희가 완전히 미친 사람들이라도 되는 것처럼 쳐다보지 않았느냐? 옛날을 기억하라. 너희가 견뎌낸 고난을 잊지 마라. 너희가 박해와 환난을 당한 자들과 한 무리가 되었지 않았느냐? 그리스도를 위해 소유를 잃어버리고 재산을 빼앗기지 않았느냐? 그러므로 용기를 갖고 확신 가운데 계속 거하라."

사탄은 우리에게 두려움을 심어주려고 노력하지만 하나님은 "잠시 잠깐 후면 오실 이가 오시리니 지체하지 아니하시리라"(히 10:37)라고 말씀하신다. 당신에게 지금 그분이 필요하다면 지금 찾아와 도움을 주실 것이고, 마지막 순간에 그분이 필요하다면 그때 오실 것이며, 두 경우 모두라면 언제라도 임하실 것이다. 그분이 틀림없이 찾아오실 것이므로 걱정하지 마라. 나는 그분의 도움을 굳게 믿는다. 반드시 오셔서 악을 멸하시고 의인들에게 면류관을 씌워주실 것이다.

감정에 의존하지 말고 믿음으로 살아라

성경은 "의인은 그의 감정들로 말미암아 살리라"라고 말하지 않고 "의인은 믿음으로 말미암아 살리라"(롬 1:17)라고 말한다. 여기서 믿음은 온전한 확신을 의미한다. 한 번 믿고 마는 것이 아니다. 한 번 행하고 끝내는 것도 아니다. 언제나 당신을 떠나지 않는 온전한 확신을 가리킨다. 다시 말하지만, 믿음은 온전한 확신이다. 다른 무엇보다도 하나님을 믿는 확신이 계속 유지되는 것이다.

우리는 하나님을 믿고, 그분의 아들 예수 그리스도를 믿고, 그분이 우리를 위해 이루신 일을 믿고, 그분이 지금 하나님의 우편에서 행하고 계신 일을 믿어야 한다. 하나님의 약속들에 대한 확신이 흔들리지 말아야 하며, 그분이 우리를 도우러 분명히 오실 것이라고 믿어야 한다. 그리스도인은 자신을 하나님께 온전히 맡긴 사람이다.

히브리서 기자는 편지의 수신인들에게 "너희는 세상에 등을 돌리고 예수 그리스도에게 속한 사람들이므로 믿음에 거하고 확신을 유지하라. 의인은 믿음으로 살 것이기 때문이다"라고 말하고 있다.

영적 느낌이 전혀 없을 때가 그리스도인들에게 종종 찾아올 수 있는데 그럴 때에도 우리는 믿음으로 살아야 한다. 15세기의 저술가 토마스 아 켐피스는 "주님이 그분의 위로를 내게서 거두어가시면 나는 노래하고 싶은 마음마저 사라진다. 그분의 위로가 사라지면 나는 그분이 다시 위로를 주실 때까지 불편한 상태를 받아들이고 견딘다"라고 말했다. 그렇다! 우리가 확신을 가져야 하는 것은 맞는데, 그 확신이라는 것은 멀리 내다보는 확신이다. 하나님께서 당장 찾아와 도와주시기를 성마르게 요구하는 것이 아니다.

최근에 나온 기도에 대한 많은 책들은, 어떤 이의 표현을 인용해 말하자면 '하나님께 얻는 것'에 초점을 맞추고 있다. 이 표현은 1915년 출판된 찰스 A. 블랜차드(Charles A. Blanchard: 1848~1925. 미국 휘튼대학의 제2대 총장을 지냈다)의 책 제목이다. "하나님은 많은 것을 갖고 계시니 그분께 가서 얻어라." 이것이 이 책의 메시지이다. 좋다! 이것이 기도의 한 부분인 것은 확실히 사실이지만, 어디까지나 한 부분일 뿐이다.

멀리 보는 습관을 길러라

히브리서 11장은 '믿음 장(章)'이다. 그런데 이 장에 등장하는 믿음의 위인들이 이 땅에서 사는 동안 믿음의 열매가 주어진 경우는 매우 드물다. 그들의 믿음은 멀리 내다보는 믿음이었다. 그들은 미래를 내다보았고, 없는 것을 있는 것처럼 여겼으며, 있는 것을 없는 것처럼 여겼다. 긴 안목으로 보는 담대한 믿음을 가진 그들 대부분은 약속의 성취를 보지 못하고 죽었다. 평생을 믿음으로 살다가 죽어서 지금은 주님과 함께 있다. 의인들의 영혼은 하나님의 손 안에 있다. 이 점에 대해 구약의 외경 중 하나인 《솔로몬의 지혜서》(the Wisdom of Solomon)는 이렇게 말한다.

"그러나 의인들의 영혼은 하나님의 손 안에 있다. 어떤 고통도 그들에게 손길을 뻗지 못할 것이다. 지혜롭지 못한 자들이 볼 때에는 그들이 죽은 것처럼 보였다. 그들이 세상을 떠난 것이 불행으로, 그들이 우리 곁에서 사라진 것이 완전한 멸망으로 보였지만 사실 그들은 지금 평안 중에 있다"(3:1-3).

히브리서 11장에 나오는 믿음의 사람들은 자판기에 동전을 넣어 물건을 뽑아내듯이 하나님께 가서 이것저것을 얻어내는 신앙인이 아니었다. 그들은 너무 커서 지금 당장은 얻을 수 없는 것을 기대하며 그분을 믿었다. 만일 당신이 천 원짜리 보석에 만족한다면 그분이 지금 당장이라도 주실 것이다. 그러나 정말 크고 위대한 것을 주시려 한다면 당신으로 하여금 기다리게 하실 것이다. 당신을 연단하기를 원하시기 때문이다.

당신은 버섯을 원하는가? 버섯은 하룻밤만에도 자란다. 비만 오면 내일 아침에 버섯을 먹을 수 있다. 그러나 참나무를 원한다면 70년을 기다려야 한다. 장기적 안목을 갖고 미래를 기대하며 믿음을 가져라. 성마르게 하나님께 가서 "하나님,

이것을 주시고, 저것을 주시고, 또 그 옆에 있는 것도 주시고, 또 그 뒤에 있는 것도 주십시오"라고 졸라대면 때로는 그분이 허락하실 것이다. 그러나 이런 경우에 대해 성경이 무엇이라고 말하는지 읽어보라.

"여호와께서는 그들이 요구하는 것을 그들에게 주셨을지라도 그들의 영혼은 쇠약하게 하셨도다"(시 106:15).

지금 나는 하나님께서 기도에 즉시 응답하시는 경우가 없다고 말하는 것이 아니다. 때에 따라서는, 특히 아주 중대한 때에는 지체 없이 즉각 응답하신다. 분명히 그런 때가 있다. 때로 그분은 '보통 우편'이 아니라 '빠른 우편'으로 응답을 내려 보내신다. 기다릴 시간이 없기 때문이다. 나도 역시 그런 즉각적인 기도 응답을 받은 적이 있다. 이런 것이 기도의 한 부분이고 또 믿음의 한 부분이다.

그러나 다른 부분, 즉 장기적인 안목으로 보아야 할 부분이 있다. 이것은 "의인은 믿음으로 말미암아 살리라"라는 말씀에 잘 나타나 있다. 의인은 아침에 기분이 좋으면 하나님께 감사하고 그의 일을 시작한다. 그러나 아침에 기분이 좋지 않을지라도 하나님께 감사하고 그의 일을 시작한다.

언젠가 들었던 한 간증이 생각난다. 당시에는 그의 표현이 그저 재미있다고만 생각했다. 하지만 이제와 보니 "나는 기분이 좋을 때 기분이 좋습니다. 그리고 기분이 나쁠 때도 기분이 좋습니다"라는 그의 말에는 아주 큰 지혜가 담겨 있었다. 이것이 진짜 기독교이다.

하나님은 이런 마음으로 사는 사람을 기뻐하신다. 만일 남편이 기분이 좋을 때에만 아내를 사랑하고 두통이나 흉통이 있을 때에는 사랑하지 않는다면 모든 가정들은 하룻밤만에 깨져버릴 것이다. 현재의 감정이 사랑을 좌우하는 경우를 할리우드 영화에서 흔히 볼 수 있지만 사랑은 그런 것이 아니다. 흔들리지 않는 확고한 것이 사랑이다. 우리에게 필요한 것은 하나님의 대의(大義)에 온전히 충성하겠다는 확고한 결심이다.

퇴로를 차단하라

우리는 구약성경에서 엘리야가 엘리사의 곁으로 지나가면서 자기의 겉옷을 던져준 것을 보게 된다(왕상 19:19). 엘리사는 엘리야 선지자의 행동의 의미를 간파했고, 그를 따르겠다고 결정했다. 기존의 삶을 버리고 엘리야를 따르는 선지자의 삶으로 바꾸는 과정에서 회의가 생겼을 때 그는 혼자 속으로 이렇게 다짐했을 것이다.

"나는 모든 것을 버리고 엘리야를 따르겠다고 결정했다. 내 소들이 살아 있으면 소들에게 돌아가고 싶은 유혹을 느끼게 될 것이다. 나무로 만든 내 쟁기들이 멀쩡히 남아 있으면 그것들에게로 돌아가고 싶은 유혹이 나를 괴롭힐 것이다. 내가 어떻게 해야 할지 알겠다. 소들을 잡고 쟁기를 땔감으로 써서 잔치를 크게 열자. 농사를 그만두고 선지자를 추종하는 삶을 시작하는 것을 기념하는 잔치 말이다."

그는 정리를 마쳤다. 만일 누군가의 아내 또는 어떤 사람이 나중에 그에게 "엘리사, 과거로 돌아가는 것에 대해 생각해본 적이 있습니까?"라고 물었다면 그는 "무엇으로 돌아갑니까? 소들은 죽었습니다. 무엇으로 돌아갑니까? 쟁기들도 없어졌습니다. 다 타서 재가 되었습니다. 내게는 돌아갈 곳이 없습니다"라고 대답했을 것이다. 그는 그리스도를 따르겠다는 확고한 결심에 이르렀던 것이다.

우리가 이런 것을 젊은 그리스도인들에게 가르쳐야 한다고 나는 믿는다. 우리는 개념을 정립한 다음에 그것을 젊은이들에게 가르쳐야 한다. 어떤 대가를 치르더라도, 언제 어디에서나 자기의 기분에 좌우되지 않고 예수 그리스도를 따르겠다는 굳은 결심이 회심의 한 부분이라는 것을 가르쳐야 한다.

의학박사 학위 취득을 목전에 둔 훌륭한 젊은 의사가 나를 찾아와 2시간 15분 동안 머물다 간 적이 있다. 그와 나는 그의 생활과 관련된 것들에 대해 대화를 나누었고, 젊은이들을 혼란에 빠뜨리는 정신과의사들과 인류학자들에 대해서도 이야기했다. 정신과의사들과 인류학자들은 "우리의 조상들이 옳은 것으로 여겼던 것이 우리에게는 옳지 않다. 우리는 조상들이 믿었던 것을 더 이상 믿지 않는다"라고 말한다는 것이다. 그 젊은 의사는 "토저 목사님, 그리스도인들이 과거에 믿었던 것을 틀린 것으로 믿는 이 시대의 사람들에게 우리의 말이 받아들여지겠습니까?"라고 묻기도 했다.

사람들이 도덕을 상대적인 것으로 만들고 있다. 이것이 고정된 것도 없고 절대적으로 옳은 것도 없다고 보는 소위 '도덕의 상대성'이다. 모든 것이 떠돈다는 것이다. 옳다고 믿으면 옳은 것이고, 옳지 않다고 믿으면 옳지 않다는 것이다. 그러니 공중에 날리는 먼지처럼 그냥 떠돌 뿐이다.

그러나 그리스도인들은 이런 사상에 현혹되지 않는다. 자기의 확신을 확실히 세우고 전능하신 아버지 하나님을 믿는다. 자기를 위해 돌아가신 거룩한 성자를 믿는다. 하나님의 뜻이 자기의 의(義)라고 믿고, 성경이 하나님의 진리의 결정적 계시라고 믿는다.

펜실베이니아 주 이곳저곳에 흩어져 있는 메노파 교회(the Mennonites: 16세기에 프리슬란트에서 일어난 개신교의 일파)와 아만파 교회(the Amish: 메노파 교회의 한 분파로 17세기의 스위스 목사 야콥 아만에게 뿌리를 둔다)에 속한 우리 형제들 중 일부는 자동차를 몰지 않고 말이나 이륜마차를 탄다. 나로서는 그런 생활이 도덕과 아무 상관없다고 본다. 즉, 말이나 이륜마차를 타는 것과 자동차를 타는 것 사이에는 편의성과 속도의 부분 외에는 아무 차이가 없다는 것이 내 생각이다. 이런 것들은 모두 교통수단일 뿐이다. 그들이 그런 생활을 고수한다 해도 반대하고 싶은 마음은 전혀 없지만, 우리가 그들의 생활방식을 따르겠다고 결심할 필요는 없을 것이다. 우리에게 필요한 것은 하나님의 뜻을 행하겠다는 결심이다!

비행기를 타고 가면서도 그 안에서 그분의 뜻을 행할 수 있다. 우주 캡슐(space capsule: 우주비행 동안 사람이나 생물이 일정기간 동안 생활할 수 있도록 만든 것) 안에서도 마찬가지이다. 하지만 하나님이 나를 우주 캡슐에 태우시지 않는다면 나는 굳이 거기서 그분의 뜻을 행하겠다고 고집하지는 않을 것이다. 물론 그분이 거기에 나를 태우시면 타겠지만, 그분이 나를 우주 캡슐에 탈 사람으로 선택하실 것 같지는 않다. 우리에게 필요한 것은 최대한 불평 없이, 그리고 끊임없이 십자가를 지겠다는 장기적이고 확고한 결심이다.

언젠가 나는 감동적인 이야기 한 편을 읽었다. 어떤 사랑스러운 스웨덴 할머니가 죽음을 눈앞에 두고 있었다. 다정한 이 노(老) 성도는 특유의 억양이 있는 영어로 주님께 기도했다. 그리고 몸을 돌려 사람들에게 주님의 은혜에 대해 이렇게 말했다.

"내 아버지는 평생 나와 함께 계셨고 복을 주셨습니다. 그리고 나를 죄에서 지켜주셨습니다…. 거의 그랬습니다."

이 말에서 우리는 적어도 그녀가 정직했다는 것을 알 수 있다. 그녀의 이 말은 대략적인 표현이었다. 의롭다고 말할 수 없는 사소한 일들이 몇 가지 있었다는 것을 기억했기 때문에 "거의 그랬습니다"라고 덧붙인 것이다.

나는 우리가 십자가를 지고 하나님의 뜻을 행할 마음의 준비가 되어 있는 사람들이라고 믿는다. 그런데 거기에 작은 괄호를 쳐야 한다면, 즉 '거의'라는 말을 붙여야 한다면 하나님 앞에서 정직하게 그 말을 붙여라. 하지만 그때에도 십자가를 지고 이 세상보다 저 세상을 위해 살도록 하라. 그분의 때를 기다리며 섬겨라. 그분이 무엇을 내려놓으라고 하시든 간에 그것을 내려놓아라. 그것이 무엇이든지 그렇게 하라. 그렇게 해도 아무 문제없다. 깨끗이 내려놓고 범사에 그분을 높여라.

확신을 버리지 마라

하나님은 우리에게 이렇게 말씀하신다.

"나는 네가 기억하기를 원한다. 네가 어떻게 살았는지를 기억하기 원한다. 두려워 말고, 포기하지 말고, 낙심하지 마라. 네 삶이나 교회나 가정이 네 생각대로 되는 것은 아니기 때문이다. 확신을 버리지 마라. 의인은 믿음으로 살 것이다."

이런 말씀을 듣기만 해도 나는 기분이 좋다. 그분의 사람들이 이 말씀대로 사는 것이 그분의 뜻이라는 것을 생각만 해도 나는 기분이 좋아진다. 그분은 우리에게 작은 날개를 달아주면서 "날아가라"라고 말씀하시는 것이 아니다. 그분은 "의인은 믿음으로 살 것이다. 보이는 것이 아닌 믿음으로 행하라. 뒤로 물러가는 사람은 두려움, 세상에 대한 사랑, 목숨에 집착하는 마음, 인내심 부족 때문에 그렇게 하는 것이다"라고 말씀하신다. 어떤 이들은 기도의 응답을 받지 못하면 화를 내며 기도를 중지하지만 그런 것은 믿음이 아니다. 믿음을 가진 우리는 뒤로 물러가는 자들처럼 되지 않고 믿음으로 전진한다.

  우리가 관심을 가져야 할 것은 어떻게 느끼느냐 하는 것이 아니라 무엇을 믿고 얼마나 굳세게 믿느냐 하는 것이다. 우리가 다른 이들과 같아 보여도 그들 같은 사람들은 아니다. 우리는 하나님의 백성이기 때문이다. 성찬식을 거행하는 것은 "너희가 이를 행하여 나를 기념하라"(눅 22:19)라는 주님의 말씀에 따라 그분을 기억하는 것이다. 하나님이 행하신 모든 것을 기억하고, 또 그분이 행하실 모든 것을 기대하는 것은 우리의 어제와 오늘과 내일을 연결하여 결합하는 것이다.

"어제나 오늘이나 영원토록
예수님은 동일하시다!"
믿음만 있으면 받을 수 있는
이 기쁜 메시지가 얼마나 아름다운가!
지금도 그분은
죄에 빠진 자들을 구하기를 좋아하신다.
병든 자와 저는 자를 고치고
애통하는 자를 위로하고
폭풍을 잠잠케 하기를 좋아하신다.

그분의 이름에 영광을 돌릴지어다!

"어제나 오늘이나 영원토록
예수님은 동일하시다!"
모두가 변할지 몰라도 예수님은 변치 않으신다.
그분의 이름에 영광을 돌릴지어다!
그분의 이름에 영광을 돌릴지어다!
그분의 이름에 영광을 돌릴지어다!
모두가 변할지라도 예수님은 변치 않으신다.
그분의 이름에 영광을 돌릴지어다!

_앨버트 B. 심슨(Albert B. Simpson)

〈어제나 오늘이나 영원토록〉

12

하나님의 임재를 훈련하라

"이 사람들은 다 믿음을 따라 죽었으며 약속을 받지 못하였으되 그것들을 멀리서 보고 환영하며 또 땅에서는 외국인과 나그네임을 증언하였으니 그들이 이같이 말하는 것은 자기들이 본향 찾는 자임을 나타냄이라 그들이 나온 바 본향을 생각하였더라면 돌아갈 기회가 있었으려니와 그들이 이제는 더 나은 본향을 사모하니 곧 하늘에 있는 것이라 이러므로 하나님이 그들의 하나님이라 일컬음 받으심을 부끄러워하지 아니하시고 그들을 위하여 한 성을 예비하셨느니라"(히 11:13-16).

우리가 어떤 사람인지를 보여주는 것은 우리가 이따금씩 행하는 일이 아니라 규칙적으로 행하는 일이다. 어떤 일을 이따금씩 행한다는 건 대부분의 시간에는 그 일을 거의 행하지 않는다는 뜻이기에 그렇다. 야구선수가 이따금 홈런을 치고 두 번에 한 번 꼴로 스트라이크 아웃을 당한다면 홈런왕이라고 불릴 수 없다. 때로 경기가 잘 풀리는 날에 홈런을 치는 것은 모든 선수에게 일어날 수 있는 일이지만, '홈런타자'라고 불리는 사람들은 꾸준히 홈런을 친다.

약간 다른 비유를 들어보자. 어떤 사람이 병에 걸려 의사에게 약을 처방받았다. 약의 설명서에는 완전히 회복될 때까지 규칙적으로 복용하라고 적혀 있었다. 한 주가 지났지만 전혀 좋아지지 않은 이 환자는 다시 의사를 찾아갔다.

"약은 드셨습니까?"

의사가 물었다.

"기분 내킬 때에만 가끔 먹었습니다."

이런 지혜롭지 못한 사람을 보면 허탈한 웃음이 나올 것이다. 그러나 이와 같은 경우가 영적 영역에서 많이 일어난다. 영적 건강과 활력은 적절한 영적 훈련과 습관의 토대 위에 세워지는 법이다. 사람들은 '습관'이라는 말에 거부감을 보이면서

"그러면 판에 박은 듯 살라는 말입니까?"라고 반문할 것이다. 하지만 이것을 기억하라. 판에 박은 듯 규칙적으로 행하는 것이 가장 큰 효과를 낸다는 것을!

사람에게는 누구에게나 '습관'이라는 것이 있다. 그런데 그 중 극소수의 사람만이 자신의 영적 성장과 발전을 위해 정교한 습관을 만들어나간다. 하나님의 백성이라고 하면서도 구원의 충만함을 즐기며 사는 사람은 너무나 적다. 많은 이들은 그저 천국이라는 종착지에 만족하면서 그곳에 이르기까지의 여정을 소홀히 한다. 많은 그리스도인이 날마다의 삶 속에서 하나님의 임재를 맛보는 것을 아주 낯설어한다.

구약 시대에 살았던 에녹은 하나님과 동행하는 데 깊이 몰입했기 때문에 그에게 세상의 일들은 점점 낯설고 희미해졌다. 성경은 "에녹이 하나님과 동행하더니 하나님이 그를 데려가시므로 세상에 있지 아니하였더라"(창 5:24)라고 말한다.

나는 의식할 수 있게 나타나는 하나님의 분명한 임재를 체험한 사람은 세상의 다른 모든 것들에 흥미를 잃게 된다고 믿는다. 그런 사람에게는 더 이상 세상의 싸구려 합창곡들이 만족을 주지 못한다. 밀물처럼 몰려와 교회를 가득 채우고 있는 연예오락은 그에게 절망적인 공허감만을 안겨줄 뿐이다. 교회 안에 만연한 개인숭배도 그에게 아무런 감동을 주지 못한다. 과거에 즐거워했던 것들이 더 이상 재미가 없어진다. 하나님의 존전에서 그보다 '훨씬 더 큰 것'을 발견했기 때문이다.

진지한 그리스도인에게는 내가 들려줄 격려의 말이 몇 가지 있지만, 진지함 없이 단지 호기심만 남아 있는 사람들에게는 해줄 말이 없다. 분명한 것은, 이제부터라도 날마다의 삶 속에서 영적 훈련을 쌓아나가는 사람의 영적 삶은 앞으로 몰라보게 달라질 것이라는 점이다.

그렇다면 우리에게는 구체적으로 어떤 훈련들이 필요할까?

세상을 피하라

그리스도인들에게는 세상이 결코 만만치 않은 강적이라는 사실은 아무리 강조해도 지나치지 않다. 나는 때로 '왜 세상을 이긴 사람들이 다시 그 세상을 동경해서 자신의 삶 속에 끌어들이고 싶어 할까?'라는 의문을 느낀다. 세상은 그 정도로 강하다.

여기서 우리가 정말로 깨달아야 할 것은 우리 주변의 세상이 우리 안에 있는 말씀과 충돌한다는 것이다. 이 두 가지는 절대 양립할 수 없다. 이 사실은 '세상에서는, 그러나'(in the world, but)라는 예수님의 말씀에 아주 잘 드러나 있다. 이 말씀에는 "너희는 세상 안에 있지만, 세상이 너희 안에 있지는 않다"라는 뜻이 내포되어 있다.

세상의 폭정을 부수어버리는 것이 어렵다는 것을 보여주는 증거는 우리 주변에 널려 있다. 세상은 일단 우리를 사로잡으면 다시 놓아주지 않으려고 사력을 다한다. 이것은 오락과 재미를 추구하는 우리의 욕구에서도 아주 잘 나타난다. 어떤 것이 재미가 없어지면 우리는 더 재미있는 것을 찾아 사방팔방 헤맨다. 이런 현상이 바깥세상에서 일어나는 것은 그리 놀랍지 않지만, 교회 안에서까지 그러니 나는 정말 실망하지 않을 수 없다.

오늘날 교회는 오락과 재미의 토대 위에 서 있다. 어떤 교회에서는 오락과 재미를 충분히 준비하지 않으면 사람들을 오게 하기가 꽤 어려운 것을 본다.

그런데 이런 현상보다 더 나쁜 것이 있다. 그것은 정욕과 탐심이다. 다시 말하지만, 바깥세상 사람들이 정욕과 탐심에 놀아나는 것은 그리 놀랄 일이 아니다. 그러나 하나님의 능력으로 자유를 얻은 사람들이 개인생활이나 직장생활에서 정욕과 탐욕에 휘둘리는 것은 정말 끔찍하다.

내가 이 점을 자꾸 지적하는 이유는 이런 모든 것들이 하나님의 임재 체험을 방해하기 때문이다. 나는 이런 것들을 가리켜 '하나님의 임재 체험을 대신하는 싸구려 대용품'이라고 표현하고 싶다. 이런 세상적인 것들 때문에 우리를 찾아오신 하나님의 임재에 무감각해지게 된다. 그것은 몇 가지 모습으로 나타난다.

우선, 우리의 집중력을 방해한다. 오늘날 많은 사람들이 한 가지에 꾸준히 집중하기를 어려워한다. 이것은 우리 영혼의 원수에게 승리를 안겨준다. 사람들의 관심을 영적인 일이 아닌 다른 것으로 돌리는 것이 마귀의 주요 목표이다. 이 목표를 이루기 위해 마귀는 주변 세상을 이용해서 공작을 펼친다. 그러나 유감스럽게도 별다른 저항에 부딪히지 않는다.

사탄의 또 다른 방해 공작은 기대감의 영역에서 찾아온다. 이 점에 대해서는 나중에 더 자세히 말하겠지만 일단 지금 말해 두고 싶은 것은, 대부분의 그리스도인들이 일상생활 속에서 주님의 임재를 기대하지 않고 주변 세상을 향해 기대감을 고조시킨다는 것이다.

그렇기에 우리의 관심을 자꾸 엉뚱한 곳으로 돌리려는 세상의 잡다한 것들을 피하는 훈련이 무엇보다 중요하다. 온 사방에 숨어 우리를 노리는 것들의 위험성을 깨닫고 대항하는 것은 정말 중요하다. 각 사람은 세상의 온갖 것들을 이기기 위한 각자의 훈련 방법을 찾아야 한다.

말씀을 갈망하라

그리스도인을 위한 최고의 훈련 방법은 무엇일까? 회심하여 그리스도께 돌아온 모든 그리스도인의 마음속에는 하나님의 말씀, 즉 성경에 대한 무한한 갈증이 생긴다. 회심 전에는 성경이나 성경의 이야기들에 대해 단지 호기심이 있었을 뿐이겠지만, 그리스도인이 된 이후에는 전혀 달라진다. 하나님의 말씀은 단지 호기심의 대상이 아니라 주 예수 그리스도의 은혜와 그분을 아는 지식에서 성장하기 위한 영양분이 된다.

오늘날 나와 있는 명상 방법들 중 많은 것이 아주 위험하다. 하나님의 말씀 없는 명상은 매우 위험하다. 원수의 속임수에 넘어갈 수도 있기 때문이다. 명상 선생이라는 사람들은 우리에게 '마음을 비우고 내면에 집중하라'고 가르친다(마음을 비우는 것이 꽤 쉽다고 말하는 이들도 있다). 그러나 그들의 말대로 할 때 내게 무슨 일이 일어날지는 뻔하다. 잠들어버린다! 인간의 마음속에는 명상할 만한 가치가 있는 것이 없기에 그렇다. 진정한 묵상은 하나님의 말씀과 더불어 시작된다.

그와 함께 내가 여기서 반드시 지적하고 싶은 것은 성경 자체가 목적이 되어서는 안 된다는 것이다. 하나님은 우리가 천국에 이를 때까지 하나님 대신 성경을 붙들라고 성경을 주신 것이 아니다. 성경의 임무는 하나님의 마음과 생각 속으로 우리를 곧바로 이끌어가는 것이다. 그런데 안타깝게도, 현대의 그리스도인들은 이것을 깨닫지 못하는 것 같다.

성경의 목적에 대한 정확한 통찰이 찬송가 작사가인 메리 A. 래드버리의 찬송가 〈주 예수 해변서〉(Break Thou the Bread of Life)에서 발견된다고 나는 생각한다.

주여, 거룩한 책을 넘어서
제가 주를 찾나이다
생명의 말씀인 나의 주여
목말라 주님을 찾나이다

일부 그리스도인들은 오로지 간증할 때 증거 구절로 써먹을 성경구절을 찾기 위해 성경을 읽는데, 그들의 간증은 간증이라기보다는 거의 자기주장이다. 하나님을 만나겠다는 의도가 아닌 다른 의도로 성경에 접근하는 것은 신성모독에 가깝다. 즉 많은 이들은 자기의 논리를 증명하기 위해, 또 어떤 이들은 교리를 만들기 위해 성경을 읽지만, 이것은 아주 잘못된 것이다.

이처럼 성경을 읽지만 영적 양식을 먹지 못하는 것이 오늘날 많은 이들의 비극이다. 우리는 하나님을 만나겠다는 거룩한 기대감을 가지고 성경을 펴는 훈련을 해야 한다. 사랑받는 하나님의 옛 성도 한 사람은 '하나님에 대한 고결한 생각으로 우리의 영혼을 살찌우라'라고 가르쳤다. 이것은 오직 성경을 통해서만 가능하다. 성경을 펼 때에는 그분을 정말로 만나게 될 것이라는 거룩한 기대감을 가져야 한다.

성경이 살아 있는 말씀으로 다가올 때까지 성경읽기 훈련을 해야 한다는 것이 내 주장이다. 우리에게 불어오는 하나님의 숨결을 느낄 수 있을 때까지 이를 훈련해야 한다. 다윗은 그분의 숨결을 느꼈다. 이는 "하나님이여 사슴이 시냇물을 찾기에 갈급함같이 내 영혼이 주를 찾기에 갈급하나이다"(시 42:1)라는 그의 고백에 특히 잘 나타난다. 그는 하나님을 찾기 위한 갈증 때문에 목이 타는 것이 어떤 것인지 알았다.

성경을 묵상하는 훈련 중에 우리의 마음이 주님의 뜻에 합당하고 그분께 기쁨을 드리는 정결한 성소가 되도록 말씀을 통해 깨끗이 씻는 것이 있다. 성경을 묵상하다 보면 종종 어떤 절(節)이나 단어가 내 눈길을 사로잡는다. 그럴 때 그 절이나 단어를 무시하고 계속 읽어나가고 싶은 유혹이 고개를 들지라도, 시간을 내어 그 절이나 단어를 가지고 씨름하다 보면 하나님의 임재를 경험하게 될 것이다.

고독으로 나아가라

우리는 매우 시끄러운 세상에서 살아간다. 주위에는 우리의 집중을 깨뜨리는 소음과 목소리가 넘친다. 여자에게서 난 자들 중 끊임없이 말하고 싶은 충동을 극복할 수 있는 사람을 본 적이 있는가? 비행기를 타고 여행할 때 나를 가장 성가시게 하는 것은 내 앞자리에 어린아이가 앉는 것이다. 장담하건대, 그 아이는 비행기가 착륙할 때까지 거의 쉬지 않고 말하고, 말하고, 말하고, 말할 것이다.

고독은 가장 힘든 영적 훈련 중 하나이다. 우리의 삶과 주변 세상의 모든 것이 고독의 훈련을 방해하는 쪽으로 작용하기 때문이다. 그렇게 어렵기에 이 훈련이 더욱 중요하다.

하나님 앞에서 침묵하며 앉아 있는 것보다 더 중요한 것이 있는가? 그럼에도 우리는 그분 앞에 나아가 기도할 때 너무나 자주 '장보기 목록' 같은 것을 들고 구한다. 물론 나는 하나님께 기도로써 여러 가지를 구하는 것이 좋다고 생각한다. 그분을 믿고 의지하는 마음으로 그분께 구할 것들을 기록해서 나아가는 것이 중요하다고 여긴다. 그러나 그분께 구할 것을 다 구한 후에는 어느 정도 시간을 내어 그분 앞에 침묵하면서 깊은 관계를 맛보는 것도 매우 중요하다.

분명히 말하지만, 이런 것은 쉽게 형성되지 않기 때문에 훈련과 반복을 요구한다. 우리는 자기에게 관심을 쏟아달라고 아우성치는 주변의 온갖 목소리들을 헤치고 나아가야 한다. 이것들은 하나님보다 자기들에게 먼저 신경 써 달라고 소리친다. 물론, 그것들도 때로는 중요하겠지만 하나님보다 더 중요하지는 않다.

그리스도인들은 자신을 과대평가하려는 잘못된 생각을 버려야 한다. 날마다 이것들을 버려야 한다. 물론 우리가 반드시 해야 할 것들이 있고, 또 오직 우리만이 할 수 있는 것들도 있을 것이다. 이런 것들은 우리가 행해야 한다. 그렇지만 아무것도 하지 않는다고 해서 무조건 죄책감을 느끼는 것은 잘못이다. 그런데도 이런 죄책감에 시달리는 그리스도인이 많은 것이 사실이다. 그러나 조용히 하나님 앞에 나아가 침묵 중에 그분을 기다리는 것이 며칠이나 몇 주 동안 동분서주하는 것보다 더 많은 일을 이루는 경우가 있다.

다윗은 이 사실을 잘 알았다. 성령의 감동을 받아 기록된 그의 시편에는 "너희는 가만히 있어 내가 하나님 됨을 알지어다 내가 뭇 나라 중에서 높임을 받으리라 내가 세계 중에서 높임을 받으리라"(시 46:10)라는 하나님의 말씀이 나온다. 하나님의 두근거리는 마음을 보고 그 고동소리를 듣는 것은 침묵 중에 가능하다. 하나님은 우리가 그분을 정말로 알 수 있도록 그분 자신을 나타내기 원하시지만, 유감스럽게도 우리는 활동 중독에 빠져 그분을 알지 못한다.

침묵을 시간낭비로 간주하는 사고방식은 극복되어야 한다. 침묵의 훈련은 하나님을 알기 위해 치러야 할 대가이다.

하나님의 임재를 날마다 기대하라

하나님의 임재를 기대하는 것이 그리스도인으로서 당연한 일이 아니냐고 반문할 사람이 있을지 모르겠다. 하지만 그분의 임재를 사모하는 마음을 날마다 품고 사는 그리스도인이 얼마나 될까? 그분과의 인격적 만남을 정말로 고대하는 사람이 얼마나 될까?

당신의 하루하루의 삶에 그분이 임하시기를 날마다 기대하는 습관을 자꾸 키워나가는 것은 매우 중요하다. 예레미야서에서 하나님은 "너희가 온 마음으로 나를 구하면 나를 찾을 것이요 나를 만나리라"(렘 29:13)라고 말씀하신다. 잠언에는 "나를 사랑하는 자들이 나의 사랑을 입으며 나를 간절히 찾는 자가 나를 만날 것이니라"(잠 8:17)라는 말씀이 나온다.

나는 여기서 이런 기대감이 어떤 비전적(秘傳的, esoteric) 희망에 근거하지 않고 성경에 근거해야 한다는 점을 지적하고 싶다. 그리스도인은 성경의 명백한 교훈과 조화되지 않는 것은 모두, 단호히 거부해야 한다.

우리의 날마다의 행함은 진공 상태에서 이루어지는 것이 아니다. "여호와께서 이렇게 말씀하셨느니라"(겔 20:3)라고 말씀하신 것처럼 말씀을 통해 안내받고 힘을 얻어야 한다. 하나님의 임재를 바라는 우리의 기대에 방향을 제시해주는 것은 주님의 말씀이다.

하나님을 만나 교제를 나눌 수 있는 기회는 매일매일 찾아온다. 그리스도인이 가장 관심을 두어야 할 것은 하루하루의 삶 속에서 그분을 만나는 것이다.

세 명의 히브리 소년들이 뜨거운 풀무 불 안에서 하나님을 만났다는 것을 기억하라. 만일 그토록 뜨거운 풀무 불이 없었다면, 그들은 그날과 같은 임재를 경험할 수 없었을 것이다. 우리는 풀무 불에서 벗어나려고 발버둥치기 때문에 히브리 소년들처럼 놀라운 방법으로 그분의 임재를 경험할 기회를 날려버린다.

인간의 삶 속에서도 아주 귀한 기대감을 갖게 되는 경우가 있다. 아홉 달 동안 임신 중에 있는 여자를 두고 사람들은 "그녀는 기대하고 있다(출산 예정이다)"(She is expecting)라고 말한다. 우리 모두는 그녀가 무엇을 기대하고 있는지 잘 안다. 그녀는 새 생명이 태어날 그날부터 그녀의 모든 것을 바꾸어놓게 될 큰 기쁨을 기대하고 있다!

하나님의 사람들의 기대도 이런 기대처럼 강렬해야 한다. 그분과 나 사이에 있는 오늘의 만남이 내 인생의 항로를 완전히 바꾸어놓는 획기적인 것이 될 수도 있다. 날마다 나는 아침에 잠에서 깨면 그분을 만날 가능성에 대해 깊이 생각하고, 하루 종일 모든 상황 속에서 그분의 얼굴을 찾는다.

내 경우에는, 그분의 임재를 기대하며 잘 준비한 날에는 그분의 임재를 경험할 수 있었다. 물론 어떤 날들에는 그분의 임재를 충만히 느꼈고, 또 어떤 날들에는 모세가 떨기나무에서 하나님을 만나기 전에 살았던 광야에서처럼 메마른 시간을 보냈다.

하루를 시작할 때부터 그분의 임재를 구하고, 하루 종일 생활 속에서 그분을 찾으라. 그리고 언제라도 그분을 만나게 된다면, 그분과의 은혜로운 만남을 기뻐하라.

깊은 경외심을 가지라

내가 교회를 바라보며 슬퍼하는 이유 중 하나는 하나님에 대한 경외가 우리 가운데 없다는 것이다. 언행을 삼가지 않고 가벼운 태도로 예배를 드리는 분위기가 최근 몇 년 동안 형성되었다. 세상에서 바쁘게 돌아다니다 헐레벌떡 예배당으로 달려와 예배를 드리고는 아무런 영적 감동을 느끼지 못한 채 급히 교회를 떠나는 모습을 연출하고 있는 것 같아서 안타깝다.

우리의 삶 속에서, 특히 교회 안에서 하나님의 거룩한 임재를 건전하고 깊이 있게 느끼는 능력을 길러나가야 한다는 것이 내 소신이다. 그런데 유감스럽게도, 우리에게서 하나님 경외가 사라져버렸다. 살아 계신 하나님 앞에 앉아 있다고 말은 하지만 그들에게는 '거룩한 숨죽임'(holy hush)이 없다. 우리의 예배와 찬양은 신성모독에 가깝고, 천박하며 조잡하다. 이런 모든 현상은 우리가 섬기는 영광의 그리스도의 위엄과 맞지 않는다.

하나님을 안다는 것은 그분을 경외하는 것이다. 이는 그분에게 합당한 사랑을 바치는 것이다. 조잡하고 불경건하고 할리우드의 로맨스 영화 같은 사랑이 아니라, 자기의 주님을 향해 고결하고 거룩한 기쁨으로 불타는 성도의 사랑 말이다.

나는 날마다 하나님을 경외하는 마음으로 살아간다고 감히 고백한다. 이것은 건강한 경외이다. 너무나 아름다운 것이다. 겸손한 마음으로 그분을 우러러볼 때 그분을 향한 경외심이 내 마음과 생각에 충만히 스며드는 것을 느낀다.

순종하라

여기서 내가 언급하고 싶은 마지막 훈련은 바로 순종이다. 순종이란 것이 본래 쉽게 실천할 수 있는 것은 아니며, 특히 영적인 영역에서는 더욱 어렵다. 게다가 우리의 순종을 방해하는 것들이 아주 많기 때문에 온 힘을 기울여야 성경 말씀에 순종할 수 있다.

물론, 그리스도인의 삶에서 단번에 영원히 이루어지는 것이 있다. 그것은 회심하여 구원을 얻는 것이다. 하지만 하나님과의 동행은 날마다 새로운 결심을 통해서 가능하다. 날마다 성경 말씀의 인도에 따를 때, 우리는 그분과 동행할 수 있다. 성령의 인도하심에서 발견되는 놀라운 점은 성경의 분명한 교훈에 어긋나는 것은 그분의 인도가 아니라는 것이다. 이 점은 아무리 강조해도 지나치지 않다.

순종을 훈련할 때 중요한 것은 우리가 누구에게 순종하고 있는지를 늘 기억해야 한다는 것이다. 굳게 결심하고 순종하면 하나님을 만나게 된다. 이것을 한 찬송가 작사가는 이렇게 표현했다.

의지하고 순종하는 길은
예수 안에 즐겁고 복된 길이로다

오늘날 교회에서 가장 불행한 그리스도인들은 불순종의 삶을 살고 있는 사람들이다. 그러므로 우리는 하나님의 말씀에 순종하는 훈련을 지체 없이, 즉각 시작해야 한다.

그분의 임재를 위한 공간을 마련하라

신자에게 있어서 하나님의 임재를 체험하는 일은 온전한 기쁨과 매력으로 충만한 순례 여행이다. 삶에서 어떤 미지의 영역도, 신비로움도 없이 평생을 살아가는 사람들은 정말 불쌍하다. 오, 친구여! 그리스도인으로 살아가는 당신의 삶 속에 신비의 공간을 마련하라.

많은 그리스도인들이 비버(beaver)처럼 바쁘다. 대개의 경우, 교회들의 주간행사 일정을 보면 밤낮으로 스케줄이 꽉 차 있다. 개인의 일정이든 교회의 일정이든, 거기에는 필요한 것들이 많이 들어 있을 것이다. 그러나 그중에는 이제까지 시행해 왔다는 이유만으로 반복되는 일들도 있다. 또는 다른 이들이 하니까 나도 한다는 식으로 무턱대로 따라하는 일종의 군집본능에 끌려다니는 사람들도 있다. 이런 모습을 볼 때 기독교가 일시적 유행이나 하찮은 것들에 대해 거부감을 갖지 않는 것 같아서 걱정이다.

이런 모든 것들은 우리가 매일의 삶 속에서 '의식할 수 있는 하나님의 분명한 임재'를 맛보는 것을 방해한다. 이런 모든 것들 자체가 죄는 아니지만, 유감스럽게도 우리가 결심하고 그분 앞으로 나아가는 것을 방해한다. 지금 우리에게 필요한 것은 영적 분별력을 발휘하여 이런 것들을 밝혀내고 영구적으로 뽑아내어버리는 담대함이다.

만일 누군가가 우리 집에 방문할 것을 알게 된다면 우리는 다른 모든 것을 취소하고 그 손님을 맞을 준비를 하게 될 것이다. 그렇다! 이 손님, 즉 우리의 주님을 맞을 수 있는 공간을 확보하자. 그분이 단순히 손님이 아니라 우리와 깊은 관계를 맺고 날마다 동행하시는 분이 되게 하자.

확신하건대, 하나님은 당신이 전심으로 그분을 찾으면 그분을 깊이 경험할 수 있는 은혜를 베풀어주실 것이다.

하나님이 그분의 임재를 드러내시니
이제 그분을 흠모하며
경외함으로 그분 앞에 나아가자.
하나님이 그분의 성전 안에 계시니
모든 자는 성전 안에서 침묵하며
가장 깊은 경외로 엎드려라.

우리는 오직 그분만을 하나님으로 인정하고,
그분을 우리의 하나님과 구주로 고백하니

그분의 이름을 영원히 찬양하라!

하나님이 그분의 임재를 드러내시니
울려 퍼지는 하프의 소리를 들어라.
보좌를 둘러싼 무리를 보아라.

"거룩하다, 거룩하다, 거룩하다!"
천사들과 성도들의 목소리가 섞여
찬송 소리가 하늘로 올라가니 들어보라.
여기, 우리에게 귀를 기울여라.

오, 주 예수님! 들으소서.
오, 복의 근원이시여!
당신의 공로만을 믿고 의지하오니
내 영을 깨끗하게 하소서.

당신의 영광을 보는 거룩한 천사들처럼
저도 쉬지 않고 당신을 흠모하게 하소서.
언제까지나 당신의 뜻이

지상의 당신의 교회를 다스리소서,

천상의 만군(萬軍)을 다스리시듯!

_게르하르트 테르스테겐(Gerhard Tersteegen)

〈하나님이 그분의 임재를 드러내신다〉

하나님은 굶주린 영혼을 먹이신다

초판 1쇄 발행	2018년 3월 27일
지은이	A. W. 토저
옮긴이	이용복
펴낸이	여진구
책임편집	이영주, 김윤향
편집	안수경, 최현수, 김아진, 배정아
책임디자인	마영애	노지현
기획·홍보	김영하
마케팅	김상순, 강성민, 허병용
제작	조영석, 정도봉
해외저작권	기은혜
마케팅지원	최영배, 정나영
경영지원	김혜경, 김경희
이슬비전도학교	최정식
303비전장학회 & 303비전꿈나무장학회	여운학
303비전성경암송학교	박정숙
펴낸곳	규장

주소 06770 서울시 서초구 매헌로 16길 20(양재2동) 규장선교센터
전화 02)578-0003 팩스 02)578-7332
이메일 kyujang0691@gmail.com   홈페이지 www.kyujang.com
페이스북 facebook.com/kyujangbook   인스타그램 instagram.com/kyujang_com
카카오스토리 story.kakao.com/kyujangbook
등록일 1978.8.14. 제1-22

ⓒ 한국어 판권은 규장에 있습니다.
이 출판물은 저작권법에 의해 보호를 받는 저작물이므로 무단 전재와 무단 복제를 할 수 없습니다.

책값 뒤표지에 있습니다.
ISBN 978-89-6097-532-3 03230

규 | 장 | 수 | 칙

1. 기도로 기획하고 기도로 제작한다.
2. 오직 그리스도의 성품을 사모하는 독자가 원하고 필요로 하는 책만을 출판한다.
3. 한 활자 한 문장에 온 정성을 쏟는다.
4. 성실과 정확을 생명으로 삼고 일한다.
5. 긍정적이며 적극적인 신앙과 신행일치에의 안내자의 사명을 다한다.
6. 충고와 조언을 항상 감사로 경청한다.
7. 지상목표는 문서선교에 있다.

하나님을 사랑하는 자 곧 그의 뜻대로 부르심을 입은 자들에게는 모든 것이 合力하여 善을 이루느니라(롬 8:28)

규장은 문서를 통해 복음전파와 신앙교육에 주력하는 국제적 출판사들의 협의체인 복음주의출판협회(E.C.P.A:Evangelical Christian Publishers Association)의 출판정신에 동참하는 회원(Associate Member)입니다.